LE CLUB DES HÉROÏNES QUI N'ONT PAS FROID AUX YEUX

EMILY BLAINE

Le club des héroïnes qui n'ont pas froid aux yeux

Recueil

Le visuel de couverture est reproduit avec l'autorisation de :
Allustrations : © ISTOCKPHOTOS/OLGA ZAKHAROVA/ROYALTY FREE
Réalisation graphique couverture : A. DANGUY DES DESERTS

HARLEQUIN
83-85, boulevard Vincent-Auriol, 75646 PARIS CEDEX 13.
Service Lectrices — Tél. : 01 45 82 47 47
www.harlequin.fr

ISBN 978-2-2803-6034-0

Mot de l'auteur

Alors, comme ça, les héroïnes de ce recueil n'ont pas froid aux yeux ? Bon. Soit. Faisons comme si. Je n'avais jamais envisagé mes héroïnes comme des filles dotées d'une dose de courage en plus. Je n'avais jamais non plus réalisé qu'elles étaient imperturbables. Ou presque. Puisque, s'agissant de romance, vous pouvez compter sur le héros pour bouleverser leur petit monde.

A moins que ce soit l'inverse et que ce soient elles qui bouleversent le héros. Mon cœur de suffragette préfère nettement cette option.

Pour moi, mes héroïnes sont... normales. Acharnées, têtues, combattives, affirmées. Drôles, parfois. Sincères, toujours. Peut-être est-ce en cela qu'elles n'ont pas froid aux yeux : elles assument aussi bien leur vie que leurs sentiments. Elles ne craignent pas de repousser les hommes. Elles ne refusent pas d'aller les conquérir, vêtues de leur jupe en cuir cloutée, façon Xéna la guerrière. Eh bien voilà, je viens de trouver le prénom de ma prochaine héroïne !

Offrons-leur une dose supplémentaire de réalisme et imaginons un court instant qu'elles ont froid aux pieds.

Car, oui, l'héroïne est la plupart du temps comme vous et moi.

Elle tache son chemisier de purée de pois cassés, elle croule sous les dossiers, elle ronchonne à la perspective d'affronter sa famille envahissante. Et, surtout, elle rêve de romance.

Comme nous, l’héroïne a gémi devant Love Actually *(et ensuite, elle a fredonné des chants de Noël jusqu’à Pâques).*

Comme nous, l’héroïne a pleuré devant Titanic *(et ensuite, elle a maudit James Cameron : mais pourquoi avoir tué Léo ? Pourquoiiiii ?).*

Comme nous, l’héroïne a maudit Kate Middleton (et ensuite, elle a copié son brushing et son régime, tout en recherchant l’adresse de son dentiste).

Dans ce recueil, comme son nom l’indique, vous trouverez donc des héroïnes. Elles ont du répondant, de l’humour... et la chance absolue de tomber sur l’homme idéal, comme vous, vous tombez sur les ennuis. La vie est injuste, n’est-ce pas ?

Un exemple : vous courez dans les couloirs de la gare, votre valise derrière vous. Vous manquez de renverser une vieille dame, d’éborgner un pauvre enfant, de trébucher sur un sac, tout cela pour attraper votre train qui fermera ses portes sous votre nez. Ça, c’est la vraie vie.

Avec l’héroïne qui n’a pas froid aux yeux, vous pouvez être sûre qu’un homme retiendra la porte du train, lui portera sa valise, avant de lui proposer un café. Nota bene *: l’héroïne de romance boit normalement du thé mais, faut pas pousser, devant le héros-homme idéal, elle sait faire des compromis.*

Parce que si, en plus, le héros propose un thé — Darjeeling, sans sucre, avec une goutte de lait — on sort de la romance pour arriver dans la science-fiction. Il faut tout de même contrebalancer cette chance inouïe avec une pincée de réalité.

Souvent, on me demande pourquoi j’écris de la romance. Honnêtement, je ne sais pas. Je ne me suis pas levée un matin en me disant : « tiens, et si j'écrivais l'histoire d'une fille qui tache son chemisier à la cantine, tout en gérant un entretien d'embauche fumeux ? ».

Non, j'écris de la romance en pensant à la femme qui court dans la gare et à l'homme qui retient la porte pour elle. J'écris de la romance, en espérant qu'il retienne la porte. J'écris de la romance pour saupoudrer le quotidien de magie. J'écris de la romance pour rendre les gens heureux. Comme si j'étais la fée Clochette — avec les ballerines à pompon qui me font rêver ! — et que je lançais de la poussière de fée sur l'humanité tout entière.

Hormis le fait que je ne suis pas blonde comme Clochette et que mon éditrice va sûrement me demander quel genre de drogue j'ai consommée pour écrire cette préface, j'aime à penser que je lance vraiment de la poussière de fée. J'aime quand les lectrices m'écrivent pour me dire « j'ai lu votre roman et j'ai souri ».

Parce que, moi aussi, cela me fait sourire. Et il paraît que sourire sollicite beaucoup moins de muscles que faire la tête. Donc, économisons-nous et sourions plus souvent.

Donc, oui, j'écris de la romance. Parce que j'aime regarder les gens dans le train, dans la rue et autour de moi et me demander : « Et si… »

Et s'il lui retenait la porte, entamerait-elle la conversation ?

Et s'il lui proposait un verre, accepterait-elle ?

Et si elle répondait à son sourire, trouverait-il le courage d'aller lui parler ?

La romance, c'est la réalisation de tous ces « Et si… ».

Notez bien que j'ai dit « romance ». Pas « littérature sentimentale », pas « livres pour filles ». Non, romance. Celle qui fait rêver, gémir et pleurer. Celle qui, le temps de quelques pages, vous entraîne loin de votre pile de linge à repasser, loin de vos dossiers de bureau, loin de votre liste de courses. Celle qui vous met des étoiles dans les yeux, vous fait frissonner et vous fait fantasmer aussi bien devant un chef d'entreprise que devant un menuisier.

Alors, je propose qu'on continue de sourire. Parce qu'il n'y a pas de raison que cela n'arrive que dans les livres. Parce que tout le monde veut sa part de rêve, d'amour, de passion impossible, tout en chevauchant, en amazone, une licorne mauve — le tout avec, cela va sans dire, un brushing qui tient.

Ce livre ne contient pas de licorne (une histoire obscure de financement !). Mais il contient de la romance. Et un paquet de « Et si… ». Pour le reste, c'est à vous de jouer. Je vous encourage maintenant à regarder autour de vous et à capter la romance. Oui, même au bureau. Même au supermarché. Et surtout dans ce recueil. Je vous laisse entre les mains expertes d'Alexandre et de Mark ; ils sauront vous guider sur le chemin de la romance à paillettes.

Et comme je dis souvent : merci à toutes d'être venues, et merci à toutes d'être restées.

Emily Blaine

Passion
sous contrat

1

— Sarah ? Il vient ce café ? hurla ma chef adorée.

Je relevai péniblement la tête, louchai vers la vitre qui séparait mon bureau, minuscule et déprimant, du sien, digne de la galerie des Glaces. Je finirais par tenir ma promesse : j'allais quitter cet endroit rapidement, et plus jamais je n'accepterais de travailler pour une femme.

Ma chef, directrice financière, avait la capacité incroyable de faire peur à tout le monde. Même aux machines. En tout cas, c'était la seule explication rationnelle justifiant ma relation longue et profonde avec la machine à café. Relation concurrencée par la fabuleuse histoire que je vivais avec le photocopieur.

— Je m'en occupe, souris-je, les dents serrées, en mettant en route la maudite machine à expressos.

— Vous devriez cracher dedans, me conseilla Nicolas, notre dévoué directeur des ressources humaines.

Je relevai les yeux vers lui tandis que le liquide brunâtre s'écoulait lentement dans le gobelet. Nicolas m'offrit un sourire éblouissant. Avec ses cheveux courts, noir ébène, et sa peau encore hâlée par son dernier séjour aux Caraïbes, il était superbe. Surtout que, si mon œil était juste, son costume était du sur-mesure.

Je plaçai mes cheveux derrière mes oreilles, commandant à mon cerveau d'arrêter de fixer Nicolas, *alias* « l'Homme de ma vie », comme s'il était une œuvre d'art. Ce qui aurait été d'autant plus dommage que les possibilités d'interactions physiques sont plutôt limitées avec une statue.

— Vous avez coupé vos cheveux, non ? s'enquit-il en me fixant intensément.

Je sentis mon estomac se ratatiner, avant qu'un vague frisson de plaisir ne cavale le long de mon échine. Si Nicolas ignorait encore à quel point je fantasmais sur lui, mon corps, lui, en avait parfaitement conscience. Ou alors le dérèglement climatique était plus violent que ce que les scientifiques nous annonçaient.

— Euh... oui, trois fois rien, répondis-je en triturant une mèche entre mes doigts.

— C'est joli.

— Sarah ! Il vient ce café ?

— Faut vraiment que je quitte ce boulot, marmonnai-je en fixant le gobelet devant moi.

— Et quitter notre belle entreprise ? Voyons, Sarah, nous serions... perdus sans vous.

Regard de braise, sourire enjôleur, parfum entêtant. Diable, cet homme était la seule bonne raison qui me maintenait accrochée à mon bureau et à mon poste. Lui, son corps splendide, son humour dévastateur et ses manières de gentleman. La réincarnation du prince charmant — avec un téléphone portable en lieu et place du cheval blanc.

— Je crois que c'est un peu exagéré, souris-je en passant devant lui, le café de la discorde à la main.

Je toquai à la porte de ma chef, tentant d'ignorer le petit sourire amusé qui soulevait les lèvres de l'homme de mes rêves.

— Enfin ! soupira Chiara. Vous l'avez torréfié vous-même pour que cela prenne autant de temps ?

— Ne la blâmez pas, je l'ai distraite dans sa tâche, m'excusa Nicolas en entrant à ma suite.

— Nic'! Quelle bonne surprise! se réjouit-elle, en bondissant littéralement de son fauteuil.

Elle lui claqua deux bises sonores sur les joues. Je croisai le regard de Nicolas, à mi-chemin entre exaspération et appel au secours. Levant un sourcil moqueur, je me pinçai les lèvres pour réprimer un rire.

— Souhaitez-vous un café, Nicolas? demandai-je en appuyant volontairement sur son prénom en entier.

— Avec plaisir, Sarah.

De nouveau, il m'offrit ce sourire renversant, accompagné d'un clin d'œil qui me fit littéralement fondre. Je quittai le bureau sur la pointe des pieds, laissant à Nicolas le privilège d'entendre Chiara parler de son épouvantable week-end. Après lui avoir ramené son café, je me rassis à mon poste, risquant de temps à autre un coup d'œil vers le bureau de ma chère patronne. De toute évidence, la réunion était houleuse.

Chiara levait les bras au ciel, épouvantée, criant au scandale, lui jouant la grande scène des larmes, mains jointes sous son menton tremblotant. Très *Actors Studio*.

— Je refuse cette mutation, hurla-t-elle, faisant trembler la vitre.

— Tu n'as pas le choix, Chiara! Tu ne décides pas de tout dans cette boîte!

Mes prières avaient été entendues. Ou alors,

je bénéficiais d'un incroyable coup de bol, allié à un fantastique et trop rare alignement des planètes. Elle allait partir ! Victoire ! Je rêvais d'ores et déjà à la possibilité que Nicolas reprenne son poste et, tant qu'à faire, l'assistante zélée qui allait avec.

— Cela ne se passera pas comme ça ! menaça-t-elle, manquant de dégonder la porte en l'ouvrant.

— Ah oui ? Et tu comptes vraiment t'y opposer ? contra Nicolas.

— Et comment ! C'est de l'abus de pouvoir ! S'est-il au moins posé la question de mon intérêt dans toute cette histoire ?

— Je crois que ton intérêt est le cadet de ses soucis, riposta-t-il, cinglant.

Et là-dessus, drapée dans sa dignité réduite à peau de chagrin, Chiara referma la porte de son bureau, chassant ainsi de ses terres le superbe Nicolas.

— Elle devrait boire du décaféiné ! commenta-t-il en secouant la tête.

— Elle semble ne pas prendre très bien la chose, ajoutai-je en la voyant gober son tranquillisant quotidien.

— La « chose » est sous contrôle. Changeons de sujet... Etes-vous libre pour déjeuner ? demanda-t-il sans détour.

Je me tortillai sur ma chaise. Cette invitation était à double tranchant. L'optimiste en moi songeait déjà à changer les draps de son lit en rentrant ce soir ; et la réaliste imaginait déjà les multiples souffrances que son estomac devrait endurer si nous allions à la cantine de l'entreprise. Dilemme.

— Mais peut-être êtes-vous déjà prise ?

Au petit jeu des questions tordues, Nicolas gagnait haut la main. Et il gagnait d'autant plus facilement que son sourire à cent mille watts aurait pu me faire avouer n'importe quel crime. Je retins mon esprit léger de partir vagabonder au pays des idées inavouables.

— Tout dépend du point de vue, marmottai-je en maudissant mon hésitation.

— J'aimerais que nous parlions. Tous les deux, souffla-t-il en se penchant au-dessus de mon bureau. Dans un endroit… Enfin, à l'abri des regards de l'entreprise, murmura-t-il avec un coup d'œil en biais vers le bureau de Chiara.

— Eh bien… Euh… Oui… Je… Disons que je pense pouvoir me libérer, bégayai-je.

Nicolas hocha la tête, visiblement ravi de ma réponse. Ou du moins, ravi d'avoir réussi à me mettre aussi mal à l'aise en quelques phrases. Il se redressa, un léger sourire satisfait sur les lèvres. Son regard ténébreux me fixa intensément. Je ravalai ma salive pour empêcher un couinement honteux de s'échapper de ma gorge.

Cet homme pouvait faire des choses malhonnêtes à mon corps rien qu'avec ses yeux.

— Je passerai vous prendre, précisa-t-il.

Il sortit son téléphone de sa poche et grimaça en le compulsant. Son visage se crispa légèrement, comme s'il était profondément agacé.

— Un problème ? m'inquiétai-je.

— En devenir oui. L'impatience de notre président finira par me tuer.

— On le dit plutôt... autoritaire, hésitai-je.

— Il y a l'autorité et l'excès d'autorité. Alexandre a une nette propension au second.

— Il occupe un poste important, des responsabilités, il me semble normal que...

— A tout à l'heure, Sarah, me coupa Nicolas subitement.

Il quitta mon bureau dans l'instant. Son changement d'humeur m'avait stupéfiée et la température de la pièce était retombée de plusieurs degrés. Déçue, je soupirai, suivant des yeux sa silhouette prometteuse.

La matinée passa plus vite que prévu et mon éphèbe de la pause déjeuner se présenta à moi.

— Prête ? demanda-t-il en prenant mon manteau suspendu à la patère.

— Bien sûr. Où allons-nous ?

— Je crains que nous devions aller à la cantine, grimaça-t-il.

— Oh. Tant pis.

Je ne cachai pas ma déception. Aller à la cantine mettait fin à mes rêves de prince charmant, de frôlement de genoux et autre partage de dessert. Le retour à la réalité professionnelle était violent et amer. Nicolas m'aida à enfiler mon manteau, s'offrant même le luxe de soulever ma longue chevelure brune pour la libérer du col.

— Merci, murmurai-je.

— Je vous en prie. Je m'excuse pour... ce changement de plan. Peut-être pourrions-nous remettre ça, plus tard ?

Sa voix vibra contre ma peau, juste sous mon oreille. Encore ce délicieux frisson de plaisir. Je relevai mon col, prête à affronter le froid sibérien, avant d'acquiescer.

— Je vais regarder mes disponibilités, murmurai-je dans un sourire entendu.

— Nous en reparlerons. Allons déjeuner et faisons en sorte de survivre à la purée de pois cassés.

La cantine était bruyante et surchauffée. Nicolas et moi parvînmes à trouver une table, coincée entre l'accès à la cuisine industrielle et la sortie de secours. Je tentai de me convaincre que nous lancions une nouvelle forme de romantisme, mais la substance visqueuse et verdâtre dans mon assiette réussit à ruiner mes efforts. Je soufflai lourdement, songeant à la monotonie de ma vie.

— Désolé pour... le choix du lieu, s'excusa Nicolas en me voyant trier ma nourriture.

— Pas grave, j'ai l'habitude, marmonnai-je.

— J'aurais préféré un endroit plus discret. Mais il fallait que je vous parle.

— Ah oui ? fis-je, la lumière de l'espoir brillant de nouveau sur ma planète.

— Oui. Cela fait une semaine que je repousse l'échéance. Je ne vais pas y aller par quatre chemins, l'entreprise subit actuellement d'importantes restructurations.

Je me figeai sur ma chaise en plastique, surprise par la tournure de notre échange. Avoir une conversation de travail, avec un collègue charmant, pendant ma pause déjeuner, à la cantine... Oui, en fait, j'aurais dû m'y attendre, plutôt que d'aller sur internet, à la recherche de la chanson d'ouverture du bal de notre mariage princier.

— C'est en effet ce que j'ai compris, lançai-je avec l'espoir que mon mensonge passerait inaperçu.

Pour être honnête, je n'avais aucune idée de ce qu'il se tramait. Je ne fréquentais pas la cafétéria assez régulièrement pour être à jour niveau « potins ».

— Je sais que les rumeurs vont bon train, commenta Nicolas en découpant sa viande trop cuite. Les bruits de couloir, les tirs croisés des directeurs. L'ambiance est assez... délétère.

— En effet.

— Ce qui explique la petite scène de ce matin avec Chiara.

Soudain, une peur panique s'empara de moi. M'avait-il invitée ici pour me licencier ? Ce qui, d'un point de vue stratégique, était plutôt intelligent : qui irait faire un scandale au milieu de cette foule ? Avec ce niveau sonore, même un hélicoptère en plein vol dans la pièce passerait inaperçu. Je repoussai mon assiette définitivement, l'estomac bien trop noué pour pouvoir avaler quoi que ce soit.

— Les mutations sont... comment dire... une solution comme une autre pour notre personnel, reprit-il.

— Je n'ai pas eu l'impression que Chiara partageait votre avis, soulignai-je en me servant un verre d'eau.

— Nous ne pouvons pas offrir chaque fois une solution qui plaît. Nous cherchons avant tout à garder le personnel compétent, celui qui peut apporter un plus à l'entreprise.

J'étouffai un rire en imaginant le degré de compétence de Chiara, quelque part entre la manucure et le guide touristique week-end sur la côte. Elle avait drôlement bien mené sa barque.

— Je comprends, soufflai-je. Il faut considérer cela comme une opportunité, dis-je en réalisant maintenant que si j'avais survécu à ma patronne je pourrais survivre à n'importe quoi.

— Tout à fait, Sarah. Je suis heureux que vous voyiez les choses ainsi. Chiara refusait de le comprendre ce matin. Mais je pense qu'il est parfois trop facile de rester dans sa zone de confort, ne croyez-vous pas ?

— Bien sûr ! acquiesçai-je.

Dans la mesure où ma zone de confort était mon appartement et que l'habiter nécessitait de payer un loyer : sans boulot, fini l'appartement.

— La prise de risque est parfois une bonne chose, renchéris-je avec confiance. Travailler avec d'autres personnes, découvrir un nouvel environnement. Je suis certaine que Chiara s'en sortira parfaitement.

— Chiara ? Il n'est pas question que Chiara soit mutée ! s'exclama-t-il en s'essuyant les lèvres avec une serviette en papier.

— Mais... ce matin, vous...

— Il s'agit de *votre* mutation, Sarah !

— De ma mutation ?

J'étais stupéfaite. Nicolas reprit un morceau de sa viande, en me fixant étrangement. Je me retrouvai coincée, imaginant déjà le pire. Etre mutée... Déménager... Je voyais déjà la montagne de problèmes se profiler. Je m'enfonçai un peu dans ma chaise, espérant m'en tirer avec une entourloupe. Effectivement, je détestais Chiara, je voulais changer de boulot, mais je voulais surtout qu'il s'agisse de *ma* décision et pas d'un jeu de chaises musicales.

— Je vous l'ai dit, Sarah, nous cherchons à garder le personnel compétent.

— Et si je refuse ? tentai-je, maladroitement.

— Dans ce cas, je devrai vous convaincre de rester, souffla une voix derrière moi.

— Bonjour, Alexandre, le salua Nicolas en se levant de sa chaise.

Ils se serrèrent la main et mes yeux naviguèrent de l'un à l'autre. Cette scène ressemblait à un rêve étrange et pas si lointain où tous mes désirs s'exauçaient dans un claquement de doigts, mais le brouhaha de la cantine me rappela à la réalité.

— Sarah, c'est ça ? demanda notre chef suprême en tendant sa main vers moi.

— Euh... oui, c'est ça. Bonjour, bégayai-je avant de prendre sa main dans la mienne.

— Alexandre Kennedy, se présenta-t-il formellement.

Il me fixa étrangement. Je réalisai alors que je devais avoir l'air d'une folle furieuse à ne pas savoir où poser mon regard. Ses yeux noisette, le dessin de sa barbe, sa paume fraîche contrastant avec la chaleur de la cantine, ajoutés à sa présence inattendue, me perturbaient.

— Enchantée, monsieur Kennedy, répliquai-je en libérant sa main.

— Ne parlez pas trop vite, me conseilla-t-il, ses yeux rivés aux miens. Alors vous souhaitez nous quitter ? s'inquiéta-t-il en s'installant à notre table.

— Je... Non... Je n'étais pas au courant de la suppression de mon poste, balbutiai-je. C'est... une surprise.

— Je comprends, dit-il d'une voix grave.

Il plaça ses mains devant lui et un lourd silence désagréable s'installa entre nous trois. Nicolas ne semblait nullement perturbé et continuait à manger, pendant que je cherchais un moyen de fuir sans me faire remarquer.

— Je crois que vous avez raison, il faut voir les mutations comme une opportunité, commenta Alexandre. J'aime cet état d'esprit chez mes collaborateurs.

Il risqua un sourire énigmatique pendant que je me liquéfiais sous son regard inquisiteur. Je pouvais admettre une mutation, mais un seul mot de travers et je finirais en prison sans passer par la case départ.

— Je suis très... flexible, argumentai-je.

Autant mettre un panneau « En solde et

prête à tout pour garder son appartement ». Je me fustigeai de mon comportement, limite bas de gamme, me tordant les doigts d'anxiété. Relevant les yeux vers Alexandre, je remarquai qu'il se frottait le menton, réfléchissant sûrement à ce qu'il allait me dire.

— Je crois savoir que vous n'avez pas de contingences personnelles. A moins que la situation n'ait évolué. Nicolas ? s'enquit-il en se tournant vers lui.

— Pas à ma connaissance, répondit ce dernier en s'essuyant la bouche. Pas d'enfants, pas de concubin.

Alexandre se tourna vers moi, une lueur de triomphe brillant dans son regard. Je fusillai Nicolas des yeux, assimilant ses derniers mots à un attentat contre ma vie privée. Il m'avait eue avec ce déjeuner, l'effet de surprise limitant mon champ d'action. Serrant les mâchoires, j'avais la sensation de perdre pied.

— Pas d'opportunités, peut-être ? me demanda Alexandre, avec une arrogance sans nom.

Je me retins de le gifler, soufflée par son comportement désagréable et outrancier. Peut-être que dans son monde j'étais une poussière insignifiante, mais cela ne lui donnait pas le droit de me marcher dessus. Son regard soutint le mien, attendant sûrement une réaction immédiate. Je me redressai, m'humectai les lèvres et calai mon menton dans le creux de ma main.

S'il voulait me surprendre, on pouvait être deux à ce jeu.

— Comme le soulignait Nicolas, là aussi, parfois, il s'agit d'une question de compétence, contrai-je, fière de moi.

Nicolas hocha la tête, me rassurant sur la latitude que je possédais. Il risqua tout de même un œil vers son patron. Ce dernier se contenta de sourire, avant de se lever de table. Je remarquai l'ombre d'une montre de luxe avant qu'il ne rajuste sa veste un peu froissée.

— Vous avez raison. Tout est une question de compétence. Votre chemisier est taché, juste là.

Il désigna l'espace juste au-dessus de mon décolleté, où une splendide tache de purée ornait le tissu de soie. De nouveau, j'avais envie de me ratatiner et me fustigeai de m'être fait avoir si facilement.

— Nicolas, on se voit dans l'après-midi pour finaliser la transaction ?

— Sans problème. Si tu es d'accord avec les clauses du contrat.

— Le contrat est tout à fait acceptable. Sarah, dit-il en se tournant vers moi, j'espère vous avoir convaincue !

— On verra, sifflai-je avec aigreur.

Il s'éloigna de notre table, Nicolas finissant

tranquillement son assiette. Je ruminais toujours dans ma barbe, pestant contre les hommes et leur capacité à me rendre dingue en moins d'une minute.

— Alors ? Qu'en pensez-vous ? s'inquiéta finalement mon vis-à-vis.

— Ce que je pense de quoi ?

— Eh bien de votre mutation ?

— J'attends que vous m'en parliez.

— Vous venez de passer l'entretien, Sarah.

— Que... Quoi ? m'exclamai-je d'une voix forte.

— Félicitations, Sarah, vous êtes la nouvelle assistante de notre président-directeur général. Vous commencez demain, expliqua-t-il en ouvrant son yaourt au chocolat.

Brutalement, la réalité, aussi violente qu'un trente-trois tonnes et aussi froide que l'iceberg qui a éventré le *Titanic*, me percuta.

J'étais la transaction de l'après-midi.

2

Après ce perturbant déjeuner, Nicolas m'avait raccompagnée à mon bureau. Enfin, ce qu'il restait de mon bureau, étant donné qu'une âme charitable s'occupait d'emballer mes effets personnels.

Incrédule, j'avais donc assisté au déménagement de mon bureau et découvert mon nouveau lieu de villégiature.

Pour faire simple, j'étais passée d'une chambre de bonne riquiqui et mal agencée à un superbe trois-pièces lumineux et chauffé. Sur mon bureau m'attendaient mon téléphone portable de service et une première pile de dossiers estampillés « Urgent ». Assise dans mon nouveau fauteuil pour en tester le confort et le mode « massage », une pensée me vint.

— Qu'est devenue l'assistante précédente ? demandai-je à mon déménageur personnel.

L'homme me lança un regard éberlué, continuant mécaniquement à installer mon matériel. Je cessai de me bercer dans le fauteuil, m'agrippant aux accoudoirs.

— Je ne suis pas le premier déménagement de votre journée, n'est-ce pas ? l'interrogeai-je.

— En effet, acquiesça-t-il. Elle est partie ce matin.

Partie. Pas mutée, pas transférée dans un autre bureau. Juste partie. Je frissonnai un peu, jetant un œil vers le bureau de mon nouveau patron. Là encore, une vaste baie vitrée me permettait d'en avoir une vue imprenable. En pleine conversation avec Nicolas, il fronça les sourcils, avant de s'enfoncer dans son siège.

Alexandre avait retiré sa veste et relevé les manches de sa chemise, révélant ainsi ses avant-bras et la fameuse montre que j'avais devinée. Clinquante, large, imposante. Cet homme avait, de toute évidence, un sérieux problème d'ego.

Il desserra légèrement sa cravate et soupira, passant ses mains sur son visage. Je le fixai, fascinée par ce mouvement et la façon dont il se frottait le menton. Vraisemblablement un tic nerveux. Il capta mon regard et, pendant un court instant, il verrouilla ses yeux aux miens.

Je lui offris un faible sourire et, aussitôt, il hocha la tête pour me saluer.

— Impossible de vous connecter pour le moment, lança le déménageur, me sortant ainsi de ma contemplation. Sûrement que le réseau doit encore être en carafe.

Je jetai un coup d'œil à ma montre. Vu l'heure, il n'y avait aucune chance pour que l'informaticien vienne résoudre le problème. Partir un peu plus tôt aujourd'hui... Presque suicidaire.

Presque.

— On réglera ça demain.

Le déménageur me salua rapidement, et j'enfilai mon manteau en attrapant mon sac à main. Je repensai vaguement à mon déjeuner surréaliste avec les deux hommes les plus importants de l'entreprise. Alexandre, l'autoritaire ; Nicolas, le charmeur ; les yeux noisette du premier, le regard sombre du second. Quelque part, leurs attitudes n'étaient pas si différentes.

J'étais encore surprise du revirement de cette journée, entre le café de Chiara, la purée de pois cassés et mon bureau avec vue.

Et rien que pour avoir survécu à la nourriture dantesque de la cantine et en hommage à mon chemisier sacrifié sur l'autel de mon professionnalisme, je devais fêter ça.

— Mona ?

— Oui?

— Margarita? proposai-je en m'engouffrant dans notre bar préféré, le téléphone vissé sur l'oreille.

— Commande un pichet, j'arrive!

Ma meilleure amie, Mona, était aussi blonde que j'étais brune. Elle travaillait pour un magazine de mode prestigieux.

— J'ai passé une journée désastreuse, se lamenta-t-elle. Marc Jacobs a décommandé un shooting, ensuite j'ai dû faire face à une pénurie de jupes... Et le mannequin était soit ivre morte, soit génétiquement stupide. C'est quoi ce sourire? s'inquiéta-t-elle après avoir repris son souffle.

— J'ai été mutée! annonçai-je avec joie.

— Ah! Super! Champagne! hurla-t-elle à destination du serveur. Et c'est toi qui payes! Raconte!

Elle retira son manteau et m'écouta attentivement, pendant que je lui exposais les péripéties de ma journée. Elle grimaça à la mention de la cantine, s'extasia quand je lui racontai comment Nicolas avait pris ma défense devant Chiara et soupira d'aise à la mention de mon fauteuil massant.

— Nicolas, c'est le beau gosse sexy, c'est ça?

— Tout à fait. Je crois... Disons... je pense que je lui plais.

— En une journée, tu as réussi à révolutionner ta vie professionnelle et à retrouver le chemin de l'orgasme? se moqua-t-elle. Bon sang, il va nous falloir une seconde bouteille! Et tu payes toujours!

— J'ai juste un tout petit problème avec Alexandre. Je ne suis pas certaine que ça va coller.

— Relativise, Sarah. Tu as survécu à ta patronne tyrannique, caféinée et dopée au Lexomil, tu supporteras un type à l'ego démesuré. Tu hoches la tête, tu souris, tu dis « oui, monsieur », et tout se passera bien!

— Je crois que son ancienne assistante a été virée, hésitai-je en sirotant un peu de mon champagne.

— C'est lui qui est venu t'embaucher, je suis certaine que tu vas l'épater. Et ce type, Nicolas?

— Dieu du ciel, tu le verrais, il est parfait. Et vu que j'ai ce poste grâce à lui, j'ai prévu d'être très reconnaissante...

— Bien. Je crois que, cette fois, nous avons vraiment besoin de cette seconde bouteille!

L'instant suivant, Mona levait sa main et commandait d'une voix tonitruante une nouvelle bouteille de champagne.

*
**

Le lendemain, passablement attaquée par une légère gueule de bois, j'enfilai mon tailleur gris et des talons vertigineux. J'avais même lissé ma longue chevelure. Je n'avais jamais fait partie de ces filles dites jolies : je n'avais pas des cheveux parfaits, ni un corps sublime et j'assimilais le sport à une forme de torture ultra-moderne. Rien que le terme « abdos fessiers » déclenchait chez moi une poussée acnéique. Je tentais de compenser mon absence de lissage brésilien, de manucure parfaite et ma propension à la gaffe par mon sourire, mon sarcasme et mes rêves inavoués de prince charmant.

Aux yeux de n'importe qui, j'étais désormais une vraie *working girl*. Sauf qu'après avoir manqué de me casser la cheville gauche, et malencontreusement loupé le flash météo, je ressemblais à une Cruella d'Enfer claudicante, ravagée par l'averse du siècle.

Je lançai un regard assassin à mon reflet dans l'ascenseur, cherchant un moyen de reprendre une apparence humaine. Je tamponnai mon maquillage et sauvai l'essentiel. Mes yeux et mon sourire m'avaient toujours sauvée du pire, de l'amende pour avoir grillé un feu à mon pseudo-licenciement de la veille. Mon capital confiance n'étant pas totalement écorné, je trottinai jusqu'à mon bureau, poussée par ce qu'il me restait d'estime de moi.

Je constatai avec un bonheur intense que l'informaticien avait réglé mon problème. Mais le plaisir ne dura pas, ma messagerie croulait sous les informations non traitées et l'agenda de mon nouveau patron ressemblait à une zone dévastée par un tsunami. Un coup d'œil sur ma gauche me confirma ce que je redoutais : la pile des urgences avait doublé pendant la nuit.

— Bonjour, Sarah, me salua Nicolas en milieu de matinée.

— Oh... bonjour, soufflai-je en réalisant que je n'avais pas relevé le nez depuis trois bonnes heures.

— Je venais voir si vous étiez convenablement installée.

— Tout va bien, merci. D'ailleurs, peut-être devrais-je vous remercier pour cette... mutation. Vous m'avez sauvée de Chiara, soulignai-je dans un sourire.

— En effet, admit-il en s'approchant de la baie vitrée. Jolie vue ! Peut-être aurais-je dû profiter de cette mutation, ironisa-t-il.

— Et partager mon bureau ?

— Pour commencer...

J'abandonnai le message que j'étais en train de rédiger et me tournai vers Nicolas, dont le regard sombre me scrutait. Ses lèvres s'étirèrent dans un sourire séduisant et il avança vers mon bureau. Il ne manquait plus qu'une musique sirupeuse de comédie romantique pour être totalement prise dans le moment.

Il contourna mon bureau, entrant dans mon intimité professionnelle et me forçant ainsi à pivoter sur mon siège pour lui faire face.

— Je me demandais si vous accepteriez de dîner avec moi. Disons... vendredi prochain ? proposa-t-il en me fixant de sa hauteur.

— Pourquoi pas..., répondis-je avec une nonchalance feinte. Puisque je n'ai pas de contingences personnelles, ajoutai-je avec une pointe de sarcasme.

— Mes excuses pour ça, Alexandre aime connaître ce genre de détails. Je vois que vous croulez déjà sous le travail, constata-t-il en désignant mon écran derrière moi.

— En effet. Alexandre a une signature importante la semaine prochaine.

— Je sais, souffla-t-il. Il a eu un mal de chien à caler les clauses, d'ailleurs, si ça ne vous ennuie pas, j'aimerais vérifier l'aspect financier. Avec Chiara, je préfère être prudent.

— Oh. Je vous ferai parvenir une copie, proposai-je.

Il m'offrit un sourire énigmatique, son regard se baladant entre mes yeux et mon décolleté. Je pivotai de nouveau sur mon siège, lui signifiant la fin de notre badinage. Il sortit son téléphone de sa poche et pianota sur le clavier rapidement.

Je repris la rédaction de mon message, pendant qu'il se dirigeait vers le couloir.

— Vendredi, donc? s'assura-t-il, les yeux toujours rivés sur son téléphone. Je vais demander à mon assistante de me réserver une table à L'Olympe.

Je relevai les yeux de mon écran et fixai Nicolas avec effarement. Je me repris très vite et opinai du chef. Peut-être aurais-je dû lui dire que j'étais allergique à l'iode, donc aux fruits de mer, et par conséquent L'Olympe ne déclenchait pas de frénésie chez moi.

— Ça sera parfait, mentis-je.

Il s'éclipsa, m'octroyant un dernier sourire sublime. Cet homme allait me tuer lentement, mais sûrement. Je suivis du regard sa longue silhouette, tandis qu'il s'éloignait en direction des ascenseurs. Probablement qu'à L'Olympe il y aurait un morceau de viande rouge qui traînerait. De toute façon, j'avais une injection d'anti-inflammatoire au fond de ma boîte à pharmacie. Ça, allié à mon plus bel ensemble de lingerie, devrait suffire à nous faire passer une bonne soirée.

La journée s'écoula rapidement et je profitai du calme de fin d'après-midi pour consulter les fameuses urgences empilées sur mon bureau.

— Bonsoir, Sarah, me salua Alexandre en passant devant mon bureau pour gagner le sien.

— Bonsoir... monsieur, hésitai-je.

— Je peux vous voir dans mon bureau — il jeta un rapide coup d'œil à sa montre — d'ici cinq minutes ?

— Oui... Bien sûr, balbutiai-je en réunissant mon bloc-notes et mon stylo le moins mâchonné.

Nerveusement, je me recoiffai, calant mes cheveux fous derrière mes oreilles. Mon ventre émit un grognement, me rappelant qu'à cette heure-ci j'aurais dû être chez moi à m'alimenter sainement de nourriture chinoise trop grasse. Le souvenir de cette histoire de contingences personnelles me revint. Je comprenais maintenant pourquoi il s'en était soucié.

Après avoir lissé ma jupe et vérifié que mon chemisier était toujours immaculé, j'entrai dans le bureau de mon patron. Il leva les yeux vers moi et, d'un geste de la main, m'indiqua le siège face à lui. Sur le mur trônaient deux tableaux, plutôt abstraits. Ces derniers étaient en totale opposition avec la décoration classique de son espace, composé d'un bureau de bois lourd et d'une lampe opaline verte.

La nuit tomba lentement et, par la baie vitrée, j'observai le ciel changer de couleur, passant du grisâtre à un bleu sombre. Je posai mon bloc sur le bureau et m'assis, attendant que mon patron, en pleine lecture, me prête attention.

Contre toute attente, il se leva, contourna le bureau et s'assit sur le rebord, près de moi.

L'éclairage de la pièce ainsi que sa position me donnèrent la sensation d'être minuscule. Je me redressai un peu et Alexandre m'imita, réalisant certainement qu'il était un peu trop près de moi, professionnellement parlant.

— J'ai votre avenant à vous faire signer, commença-t-il en prenant un dossier derrière lui.

— Oh. Merci. Je pensais que les ressources humaines allaient s'en charger, dis-je.

— Prérogative du chef. Même si je connais votre attachement pour le service des ressources humaines. Du moins, son directeur, corrigea-t-il alors que je virais au rouge coquelicot.

Il me tendit l'avenant pendant que je décapuchonnais mon stylo. Je tournai rapidement les pages, cherchant à tout prix à fuir tout contact direct avec Alexandre et trouvai l'encart des signatures.

— Vous ne le lisez pas ? s'enquit Alexandre alors que la pointe de mon stylo se posait sur le papier.

— Y a-t-il de véritables différences avec mon contrat de base ? demandai-je en relevant les yeux vers lui.

— Principalement vos horaires et votre salaire.

— Mon salaire ? répétai-je d'une voix un peu trop aiguë.

— Sauf erreur de la part de Nicolas, vous n'avez jamais été augmentée depuis votre embauche.

Personnellement, je suis lassé de devoir changer d'assistante tous les six mois, j'ose donc espérer qu'une légère motivation me permettra de...

— Vingt pour cent ! m'écriai-je en compulsant le second feuillet de l'avenant.

— Et une prime de fin d'année.

L'extase qui me gagna à cet instant aurait pu me faire faire n'importe quoi. Y compris étreindre mon nouveau patron préféré, ou même lui baiser les pieds. Mais cet excès d'euphorie n'était pas plus important que ma dose de dignité. Je me contentai donc de lui offrir mon plus beau sourire, espérant y faire passer toute ma gratitude.

Les lèvres d'Alexandre s'étirèrent furtivement et, d'un mouvement de main, il m'encouragea à reprendre où je m'étais arrêtée. Je retournai le document, le signai et le lui rendis.

— Maintenant que nous avons réglé l'administratif, j'aimerais que nous discutions d'un mode de fonctionnement acceptable.

— Je vous écoute, que désirez-vous ? demandai-je.

— Ce que je désire... Sarah, je vous en prie, mesurez vos propos. Surtout avec moi, ajouta-t-il un ton plus bas.

Il jeta le dossier contenant mon avenant sur le côté. Passant une main sur sa nuque, ce que je devinai être de la fatigue apparut sur son visage. Des cernes, sous ses yeux noisette, s'étaient dessinés, ses joues étaient creusées. Il passa une main dans ses cheveux rebelles et soupira. Etrangement, mes yeux se fixèrent sur le bas de son visage. L'éclairage en clair-obscur accentuait ses traits ciselés. La légère barbe que j'avais devinée hier n'était plus là; pourtant, si j'avais pu y passer la main, sûrement que j'aurais senti une certaine rudesse de sa peau. Je pris mon bloc-notes, lui indiquant ainsi qu'il pouvait faire feu.

— Comme vous avez pu le constater, mon agenda est très chargé. J'aimerais que vous traitiez ce sujet en priorité. Mise à jour, organisation de mes journées.

— Vous avez une... euh... préférence? demandai-je en réalisant que ma question pouvait être mal interprétée.

— J'ai des tas de préférences, Sarah. Vous en êtes un parfait exemple, d'ailleurs.

Il baissa les yeux sur moi et mon ventre se lança dans une figure artistique et risquée. Chaque fois qu'Alexandre m'avait regardée, entre hier et aujourd'hui, j'avais pu déceler ce qu'il pensait. Mais là, nous étions à mille lieues de l'entretien de la veille. Il ne me scrutait pas, il n'y avait pas de violence, ni de curiosité. Pourtant, j'étais mal à l'aise. Je bougeai un peu sur ma chaise, posant mon attention sur la première page, toujours vierge, de mon bloc. Je griffonnai rapidement les mots « agenda » et « organisation », chassant la sensation étrange, mais pas vraiment désagréable, qui m'habitait.

— Je voulais dire, au sujet de vos habitudes. Vous êtes plutôt du matin ? demandai-je, un peu chamboulée.

Je me mordis la langue en réalisant qu'une fois de plus ma question était sujette à interprétation. Alexandre me fixa, son sourire étrange et énigmatique accroché aux lèvres.

— Je préfère me lever tôt, répondit-il. Donc vous pouvez organiser mes rendez-vous en ce sens. J'aime garder une heure de pause le midi, et j'apprécierais que votre pause coïncide avec la mienne. Quand je suis à mon bureau, je veux que vous soyez au vôtre.

— Cela me va. Je suis du matin aussi, admis-je.

— Je veux que vous soyez joignable. Jour et nuit. Je peux avoir besoin de vous à tout moment. D'ici demain, vous aurez un ordinateur portable qui vous donnera accès à vos mails. Sarah, reprit-il d'une voix plus rauque après un court silence, je ne vous cache pas que mes attentes sont... élevées.

Je m'entendis déglutir lourdement et reposai mon stylo en tentant d'assimiler l'information. Je m'enfonçai un peu dans mon siège et cherchai à capter son regard, mais ses yeux restèrent rivés sur mes mains jointes à hauteur de mes genoux.

— J'ai des exigences et j'attends de vous que vous y répondiez.

— Très bien, soufflai-je, un peu effrayée par le ton sombre de sa voix.

— Maintenant, pour en revenir à mes préférences, sourit-il en accentuant volontairement le mot, j'apprécie mon café sans sucre et très serré. Je n'aime pas la nourriture chinoise. J'apprécie le poulet korma. Si jamais vous souhaitez m'offrir des chocolats, j'aime le noir, très fort en cacao et très peu sucré.

— Bien noté, annonçai-je en jetant quelques mots sur le papier. Souhaitez-vous que je fasse apporter vos costumes au pressing ? demandai-je en désignant une veste suspendue devant moi.

— Aucunement. Vous êtes mon assistante, pas ma femme.

Je m'autorisai un sourire d'autant plus large qu'il souriait, lui aussi. De toute évidence, il était plus exigeant et demandeur que Chiara, mais, au moins, j'étais prévenue et savais comment gérer les choses. Chiara était tellement cyclothymique qu'elle me faisait changer son agenda pour un oui — « C'est jour de soldes, Sarah ! » — ou pour un non — « J'ai ma manucure, Sarah ! » —, ce qui était déroutant et épuisant émotionnellement.

— Vous êtes là pour me faciliter mon travail, Sarah. Ni plus ni moins.

— C'est entendu, répondis-je, me sentant investie d'une mission quasi divine.

Je me relevai de ma chaise, sentant que notre conversation de cadrage touchait à sa fin. Debout devant lui, entourée par une obscurité presque irréelle, il y eut un flottement. J'attendais qu'il me donne congé et, lui, il me regardait sans vraiment me voir. Il desserra sa cravate, déboutonna le col de sa chemise et, de nouveau, sa main s'égara dans ses cheveux châtains.

— Avez-vous d'autres questions ? demanda-t-il en se redressant.

— Je... Avec Chiara, nous faisions un point d'agenda toutes les deux semaines.

— Chiara n'est pas à proprement parler mon modèle.

Il contourna son bureau et reprit sa place dans son fauteuil. La nervosité, que je pensais avoir canalisée, reprit de plus belle. Comme si, autour de lui, tout était flou et impalpable. Devais-je sortir ? Devais-je répondre ? Devais-je l'ignorer ? Il brouillait les cartes et je n'avais pas pour habitude de me débattre avec ce genre de situations. J'espérais qu'en travaillant à ses côtés je trouverais la clé.

— Si vous préférez, je peux vous adresser un point écrit chaque...

— Je préfère vous voir et vous parler de vive

voix. Ça rend la logistique un tantinet plus agréable, souligna-t-il en ouvrant un dossier.

— Comme vous voulez, murmurai-je.

L'idée de passer du temps dans cet espace confiné me dérangeait. Je devrais faire en sorte de le faire à la lumière du jour. L'obscurité, la fatigue et le travail de la journée embrouillaient ma capacité de réflexion. Alors que je fixais mes pieds, je l'entendis se racler la gorge et je relevai les yeux vers lui. Il me tendit la main, attendant que je la serre. J'échouai à faire transiter mon bloc-notes d'une main à l'autre, et il s'écrasa au sol.

— Mince ! pestai-je, mes yeux passant frénétiquement du sol à ses doigts.

— J'espère que notre collaboration vous conviendra, dit-il avec sérieux.

— Ne serait-ce pas à moi de m'inquiéter de ça ? l'interrogeai-je en serrant sa main.

Il fronça les sourcils et je me mordis la langue. Diable, comment se faisait-il que je parlais plus vite que je ne pensais ? La fatigue sûrement... Et son regard noisette rivé au mien.

— Pourquoi seriez-vous inquiète ?

— Eh bien... techniquement, vous êtes le patron, bégayai-je en rougissant comme une adolescente. Et dans la mesure où j'ai été mutée en quelques heures, je présume que...

— Sarah, ne présumez jamais rien me concernant. Cela pourrait vous porter préjudice.

Il libéra ma main et il ouvrit la bouche pour reprendre, avant de finalement renoncer. Dans un silence pesant, il s'approcha de moi, se pencha et ramassa mon bloc-notes.

— Vous pourriez en avoir besoin, souffla-t-il en me le rendant. J'aimerais mes dossiers de la semaine pour demain matin.

— Je... Euh... Oui, merci, approuvai-je en récupérant mes notes.

— Vous êtes la gardienne du temple, désormais, plaisanta-t-il en me raccompagnant jusqu'à mon poste.

Alexandre avait donc de l'humour. Voilà une information nouvelle, songeai-je. Maintenant que j'étais sortie de son royaume et libérée de son envoûtement, je me détendais enfin. Mes questions hasardeuses ne l'avaient pas choqué, ma remarque sur son pouvoir de vie ou de mort n'avait rien provoqué en retour.

— Je croyais être simplement votre assistante, répondis-je sur le même ton.

— Vous présumez encore, Sarah. Combien de fois vais-je devoir subir cette mauvaise habitude avant de sévir ?

— Oh... Je...

— Je plaisante, Sarah, sourit-il. Vous devriez

rentrer chez vous, me conseilla-t-il en regardant l'heure à sa montre.

Je me figeai un instant, réalisant qu'Alexandre venait sûrement de m'offrir son premier vrai sourire spontané. Ses traits étaient plus détendus, son visage s'animait. Ce sourire, même fugace, valait énormément.

J'éteignis mon ordinateur et pris soin de vérifier que mon téléphone — que j'appelais déjà le « AlexPhone » — était bien dans ma poche. Mon patron retourna à son bureau et en ferma la porte. J'hésitai à le déranger pour le saluer, mais en le voyant plonger son attention dans un dossier, j'oubliai l'idée.

Je me dirigeai vers l'ascenseur, presque effrayée de constater qu'il était 21 heures. Jamais je n'avais quitté le bureau aussi tard. Mais quelque part j'étais contente. Travailler pour le grand patron, un être exigeant, un peu distant, mais capable à l'occasion d'un trait d'humour pouvait être agréable.

— Sarah ? hurla la voix de mon patron derrière moi.

— Monsieur ? fis-je en me tournant vivement vers lui.

— Votre exemplaire de l'avenant. J'ai signé ma partie, maintenant vous êtes officiellement à moi.

Dans un sourire satisfait, il me tendit le papier et, pour la forme, je vérifiai sa signature. Je pliai le contrat et le glissai dans mon sac à main, le remerciant une nouvelle fois.

Les portes de l'ascenseur s'ouvrirent et je m'engouffrai à l'intérieur.

— Je crois que vous devriez mesurer votre gratitude, Sarah.

— Vraiment ?

— Oui. Dans un mois, vous regretterez d'avoir découvert le dixième étage. Et moi par la même occasion, ajouta-t-il en retirant sa cravate avant de l'enfoncer dans sa poche.

— Si je puis me permettre, monsieur, vous ne devriez pas présumer à mon sujet. Vous me connaissez à peine.

Les portes de l'ascenseur se refermèrent sur le visage stupéfait de mon patron, pendant que mon estomac exécutait une vrille acrobatique. Je grimpai dans ma voiture, m'inquiétant de l'impair que j'avais potentiellement commis. Si l'audace pouvait payer, je doutais sérieusement qu'Alexandre y fût sensible.

Mon téléphone vibra dans mon sac à main, et c'est avec soulagement que je constatai que mon patron appréciait mon sens de la repartie.

1 partout, Sarah — A demain pour le prochain round.

3

Le lendemain matin, après une nuit digne du repos du guerrier et mon désormais traditionnel marathon matinal — choix d'une tenue, brushing, recherche des clés de ma voiture et retouche maquillage au dernier feu avant le parking de mon bureau —, je gagnai le dixième étage, regonflée à bloc.

J'étais motivée, prête à laisser un souvenir inaltérable de mes capacités d'assistante à Alexandre. Pour la première fois depuis longtemps, faire un café pour quelqu'un d'autre que moi ne coûta rien à ma dignité.

Je m'installai à mon poste, expurgeant déjà les premiers messages en attente. L'agenda d'aujourd'hui était prêt et je m'attaquais d'ores et déjà à celui du lendemain lorsque mon patron débarqua. Je lui offris un sourire géant, avant de réaliser qu'il était au téléphone, empêtré dans une conversation houleuse.

— C'est hors de question ! cria-t-il en m'ignorant totalement. Ce n'est pas du tout ce que le contrat prévoyait !

Il claqua la porte de son bureau avec une telle violence que je sentis mon clavier trembler. Malgré les cloisons, je devinais toujours les éclats de voix, puis je l'entendis jurer.

— SARAH ! hurla-t-il.

Je bondis de ma chaise et toquai furtivement à sa porte avant de rentrer. Mon café. Mon magnifique café était toujours sur son bureau. Sauf qu'il était hors de son gobelet. Devant moi, Alexandre soulevait un dossier rouge, duquel gouttait du liquide noirâtre. Je me précipitai dans un de mes placards et tamponnai son bureau avec des serviettes de table.

Je m'excusai silencieusement, pendant qu'il tempêtait au téléphone. Je remarquai une petite veine qui frappait sur sa tempe et il finit par s'effondrer dans son fauteuil, se pinçant l'arête du nez.

— Bien. Faisons cela, mais à la prochaine incartade, je la vire !

Il jeta son téléphone sur le bureau, pendant que j'épongeais toujours.

— Refaites-moi un café.

— Bien, monsieur.

Je n'avais aucune idée de pourquoi j'étais si contrite, mais je l'étais. Deuxième jour, et déjà une catastrophe. Faire profil bas, laisser la tempête passer.

— Prenez mes appels ce matin. Où sont mes dossiers de la semaine ?

— Je suis en train de les préparer.

— Je vous ai dit hier que je les voulais pour ce matin. Y a-t-il un mot d'ordre visant à me contrarier aujourd'hui ? demanda-t-il en rivant son regard sombre au mien.

— Pardon, monsieur... Je pensais...

— Je ne vous paye pas pour penser, Sarah. Faites simplement ce que je vous demande !

Je battis en retraite dans mon bureau, les larmes au bord des yeux, tétanisée par sa colère froide et débordante. Je lançai rapidement la machine à expressos et compulsai ses dossiers de la semaine, lançant toutes les impressions possibles et imaginables.

Quinze minutes plus tard, je déposai le café près de lui ainsi qu'une pile de dossiers cartonnés. Il releva furtivement les yeux vers moi et il me sembla que tout dans la pièce gela en un instant. Je le laissai à son bureau, espérant qu'il retrouve son humeur de la veille. Je me plongeai dans le travail, à tel point que je ne remarquai pas l'heure. Ce n'est qu'en entendant mon estomac grogner que je compris que je devais faire une pause. Après avoir vaguement hésité, je me décidai à proposer à mon patron d'aller lui chercher de quoi manger.

— Oui! dit-il d'une voix forte après que j'eus frappé à la porte. Oh... Sarah... Je n'avais pas vu que c'était vous, ajouta-t-il plus doucement.

— Je vais me chercher à manger, voulez-vous que...

— Quelle heure est-il?

— Presque 15 heures, monsieur.

Il se leva brutalement et, pendant un bref instant, je me demandai si j'avais zappé une réunion, un rendez-vous, ou quoi que ce soit qui puisse provoquer une nouvelle crise. Ma nervosité atteignit un nouveau plafond : je paniquais. Je sentis mon cœur s'emballer. Alexandre rangea ses dossiers et vérifia rapidement sa messagerie.

— Vous auriez dû m'interrompre, me réprimanda-t-il sans lever les yeux de son écran.

— J'ai pensé que...

Ma voix s'éteignit en me rappelant ce qu'il m'avait dit hier et ce matin : ne jamais présumer de rien le concernant. Je devais prendre mes marques rapidement, sinon, j'allais tout faire capoter.

— Venez avec moi, nous allons déjeuner.

— Oh... Bien, soufflai-je en l'observant enfiler une épaisse parka noire.

Du coin de l'œil, je vis que les dossiers que j'avais imprimés à la hâte ce matin n'avaient même pas été consultés. La pile était toujours parfaitement droite et alignée. Un peu déçue et sentant l'amertume me gagner, je reculai d'un pas, laissant un espace plus grand entre lui et moi. Quand il capta mon regard et comprit ce que je fixais, il secoua la tête.

— Je vous avais prévenue, Sarah. N'attendez pas trop de gratitude.

Je me contentai de sourire, encaissant ce nouveau coup bas. Avec Chiara, j'étais habituée à gérer les uppercuts et je savais les esquiver. Elle n'était pas assez intelligente pour être sournoise. Tout le contraire de mon nouveau patron.

Une fois qu'il fut fin prêt, nous nous dirigeâmes vers l'ascenseur dans un silence pesant. Je me dandinais d'un pied sur l'autre. J'avais eu tort la veille. Ce n'était pas l'éclairage qui me posait problème, c'était juste le fait d'être en tête à tête avec Alexandre.

— Il faut que je vous parle de certains déplacements à programmer, lança-t-il en resserrant son écharpe autour du cou.

— D'accord, acquiesçai-je.

— Oh... Tant que j'y pense... J'ai oublié de

vous le demander hier, mais êtes-vous libre samedi soir ?

— Je vous demande pardon ? fis-je, stupéfaite.

— Sarah... Il ne faut jamais signer un contrat sans l'avoir lu. Notez-le dans votre agenda : samedi soir, votre soirée est à moi.

Je passai le déjeuner dans un état second. Alexandre me parlait déplacements, rendez-vous, contrats, réunions. Moi, tout ce que j'entendais, encore et encore, c'était sa voix grave et chaude me disant que ma soirée de samedi était à lui.

Samedi...

Samedi...

Demain, donc.

Je retournai le problème dans tous les sens. Non seulement je ne me souvenais pas d'un élément mentionnant une réception ou une réunion demain soir, mais en plus je me détestais d'avoir signé mon contrat si vite. Etait-ce même légal de me faire travailler le week-end ?

— Bref, ce contrat est très important pour l'entreprise, si nous souhaitons sauver ce qui est encore sauvable, conclut Alexandre avant de finir son verre de vin blanc.

— Je comprends, marmonnai-je, sans avoir pris la peine d'écouter le moindre mot.

— D'où votre présence samedi soir. Je compte sur vous et sur votre professionnalisme.

— Bien sûr, soufflai-je.

Défaite, j'envisageais déjà une soirée d'ennui absolu. Je passerais mon temps à trottiner derrière lui, peut-être même à prendre des notes ou des rendez-vous, pendant que d'autres profiteraient des petits-fours et autres sucreries. Je soupirai lourdement.

— Un problème, Sarah ? demanda Alexandre.

— Ah... Euh... Non. Je... Un peu de fatigue.

— Le champagne d'hier soir, je présume ?

Je me redressai vivement. Un sourire se dessina sur les lèvres d'Alexandre, visiblement heureux d'avoir su capter mon attention. Il cala ses coudes sur la table et son menton reposa sur ses mains jointes. De nouveau ce regard pénétrant et dérangeant.

— Je crois que nous avons les mêmes adresses, expliqua-t-il finalement.

— Vous m'avez vue ? soufflai-je, paniquée.

— Avez-vous réellement cru que le serveur avait oublié de vous faire régler la seconde bouteille de champagne ?

— C'était vous ? m'étonnai-je encore.

Naïvement, j'avais cru le serveur bien trop débordé pour avoir fait réellement attention à la note. Cela avait décuplé ma joie, mais maintenant qu'Alexandre me fixait si ardemment je commençais à me poser des questions sur ma perception des événements. Il fallait que je lise ce contrat avant de me retrouver piégée.

— Nous devrions rentrer au bureau, éluda-t-il. Nous avons du travail.

Il se leva de table et se dirigea vers le chef de rang pour régler la note. J'eus une seconde d'hésitation, me demandant si je devais ou non aller régler ma part. Mais avant que je puisse réagir, Alexandre revint à notre table et m'aida à enfiler mon manteau.

— Merci pour le déjeuner, dis-je alors que nous marchions en direction de notre immeuble.

— Encore cette gratitude, Sarah. Par ailleurs, je ne vous invite pas, lança-t-il en me tendant une note. Vous mettrez ça dans mes frais professionnels.

J'étouffai un rire mauvais en attrapant la note, avant de la fourrer dans la poche de ma veste. Encore une fois, prise à mon propre piège. Alexandre me jeta un coup d'œil, le visage fermé, presque agacé de mon comportement.

— Contrairement à vous, je ne mélange pas le travail et le plaisir, siffla-t-il.

— Que craignez-vous au juste ? l'attaquai-je, les nerfs à vif. Une contingence qui ruinerait mes disponibilités ?

— Contractuellement, vos disponibilités me sont dédiées. Et pour être honnête, ce n'est pas l'aspect « contingence » qui m'inquiète.

Nous montâmes dans l'ascenseur, et la sensation d'oppression et de malaise que je ressentais quand j'étais en tête à tête avec lui s'accentua. Seule avec Alexandre, je me sentais toujours acculée et, même quand je me permettais une remarque, il arrivait à la contrecarrer.

— Je ne doute pas que Nicolas soit... comment disiez-vous hier soir, « parfait », n'est-ce pas ? sourit-il, machiavélique. Et je crois aussi me souvenir d'une certaine forme de « reconnaissance » à son égard.

— Comment osez-vous ? rageai-je, les poings serrés. C'était une conversation privée...

— Dans un lieu public ? Voyons, Sarah... Vous devriez travailler sur la confidentialité, tout comme sur cette gratitude débordante que vous souhaitez manifester.

L'ascenseur s'arrêta dans un à-coup. Les portes s'ouvrirent, mais je restai tétanisée dans la petite cabine. Alexandre passa près de moi, gagnant le long couloir menant à nos bureaux. Mon sang bouillonnait dans mes veines. Il venait de me piétiner et de laminer mon ego. Il brouillait les pistes, envoyait des signaux discordants et violents. J'étais perdue. Il se tourna vers moi, sa main maintenant les portes ouvertes.

— Si cela peut vous rassurer, je vous confirme que vous plaisez effectivement à Nicolas, sourit Alexandre.

— J'aurais préféré l'apprendre dans d'autres circonstances, ripostai-je en passant devant lui.

Rageuse, je gagnai mon bureau d'un pas volontairement vif. Pour qui se prenait-il pour mettre son nez dans ma vie privée ? Je retirai mon manteau et m'installai derrière mon écran en bougonnant dans ma barbe. Alexandre passa près de moi, un sourire satisfait sur les lèvres, m'agaçant d'autant plus.

En fin de journée, mon adorable patron quitta le bureau pour une réunion à l'autre bout de la ville, m'offrant ainsi une bouffée d'oxygène. Je ne supportais plus de sentir son regard perçant sur moi. J'avais envie de hurler, de le gifler, de quitter ce boulot nauséabond.

— Bonsoir, m'interrompit Nicolas alors que la nuit était tombée.

— Oh... bonsoir, fis-je en quittant mon écran des yeux. Une visite surprise ?

— J'ai des éléments à faire signer à Alexandre. J'ai préféré venir en personne, c'est nettement plus agréable, sourit-il.

Il contourna mon bureau et posa le parapheur sur ma gauche, avant de l'ouvrir. Rapidement, il m'expliqua les documents à signer, son corps penché au-dessus du mien. Son parfum un peu musqué me frappa les narines et je décalai mon siège, me retrouvant ainsi collée à lui.

— Avez-vous tout compris ? demanda-t-il, la tête légèrement inclinée dans ma direction.

— Parfaitement. Merci d'être venu, c'est très appréciable.

— J'avais une parfaite excuse et je crois que nous devrions avancer ce dîner à L'Olympe.

Je sentis ma gorge s'assécher, son visage approchant de plus en plus du mien. Ses yeux fixaient ma bouche, la prédation dominant tout autre sentiment. Je m'humectai les lèvres, prête à enfin savourer un bon moment dans ma journée catastrophique.

— Pourquoi pas ce soir ? tentai-je en sentant son souffle caresser ma peau.

— Et Alexandre ? contra Nicolas en se redressant.

— Sous contrôle et hors d'atteinte.

Nicolas m'adressa un sourire lumineux et, de nouveau, son visage se rapprocha du mien. Je pivotai sur mon siège, prête à lui faire part de ma fameuse gratitude. Un raclement de gorge interrompit notre danse de la séduction. Nicolas se recula précipitamment pendant que je me réajustais nerveusement. Merde !

— Nicolas ! le salua mon patron avant de couler un regard glacial et désapprobateur sur moi.

— J'ai des lettres à te faire signer, expliqua-t-il en saisissant le parapheur près de moi.

Le regard d'Alexandre ne me quittait plus et, prise d'un tic nerveux, je me surpris à secouer frénétiquement la jambe. Bon sang, il ne devait pas revenir ici !

— Je vais les signer tout de suite, lâcha mon patron, les mâchoires serrées.

— Je te...

— Pas toi. Sarah, prenez le parapheur et venez dans mon bureau. Nicolas, bonne soirée.

Sans ajouter un mot, il entra dans son bureau, pendant que Nicolas et moi le fixions, éberlués. Il était froid et distant ce soir, et pourtant cette colère qu'il tentait de maîtriser suintait et créait un malaise. Pendant quelques secondes, je restai stoïque, paralysée sur ma chaise. J'observai Alexandre retirer son caban, et les secondes suivantes il me lança un regard assassin qui me décida à réagir. Je récupérai le parapheur d'entre les mains de Nicolas et y ajoutai le planning de la semaine.

— Bonne soirée, murmurai-je à Nicolas, en passant, penaude, près de lui.

Je passai le seuil du bureau d'Alexandre, saisie par un froid terrible. Il avait ouvert un dossier devant lui et le parcourait, ne se préoccupant absolument pas de moi. Je plaquai le parapheur contre ma poitrine, affrontant sa désapprobation.

— Les choses s'accélèrent entre vous deux, on dirait, murmura-t-il.

— J'ai préparé votre planning de la semaine prochaine, éludai-je en le lui tendant.

Il releva les yeux vers moi, lâcha son stylo, m'arracha le feuillet des mains et se décida à le lire. Pendant deux longues minutes, il l'étudia sous toutes les coutures, avant de le reposer.

— Sarah, je crois que nous devons être clairs, l'un envers l'autre. Notre relation ne fonctionnera pas sans un minimum d'honnêteté.

— Oui, monsieur, opinai-je, tremblante.

— J'attends de vous un professionnalisme total. Et ce que j'ai failli voir ce soir ne me donne pas vraiment confiance.

— Monsieur, c'était juste un moment...

— ... d'égarement ? finit-il à ma place. C'est justement ce que je craignais. Je vous veux concentrée sur votre travail, et uniquement là-dessus.

— Est-ce que... Excusez-moi, mais, êtes-vous en train de m'interdire de sortir avec un homme ?

— Je le fais pour vous, Sarah.

— Bah voyons, ris-je avec amertume. Voilà votre parapheur, annonçai-je en le lançant sur le bureau avec rage.

J'approchai du bureau et plaçai mes mains sur le rebord, prête à en découdre avec cet homme outrancier et capricieux.

— Et vous osez me parler de relations honnêtes ? lançai-je, à bout. Vous l'avez dit vous-même, je suis votre assistante, pas votre femme. Vous n'avez pas le droit de... de..., balbutiai-je sans trouver les mots.

— De quoi, Sarah ? De vous prévenir que vous faites fausse route ? De protéger mes intérêts ?

Stupéfaite, je me redressai pendant qu'il s'enfonçait dans son fauteuil, les traits toujours aussi durs et fermés. Il passa une main sur son visage et se frotta le menton en soupirant.

— Rentrez chez vous, Sarah, proposa-t-il, me désarmant un peu plus.

— Pourquoi faites-vous ça ? demandai-je brutalement.

Son regard se voila et son absolue confiance sembla s'effriter sous mes yeux. Il se leva de son fauteuil et me rejoignit.

— Sarah, j'ai l'impression que vous me jugez mal. Je ne cherche pas à vous nuire. Encore moins à vous blesser.

— Et en plus vous voulez me faire croire que vous agissez dans mon intérêt ? explosai-je, en le contournant pour quitter son bureau.

Il me rattrapa vivement par le bras, me faisant pivoter pour que je lui fasse face. Je le fusillai du regard et il me relâcha immédiatement, réalisant qu'il avait été trop loin. Il leva les mains devant lui en signe d'apaisement, mais ne s'excusa pas. Présenter des excuses ne devait sûrement pas faire partie de ses habitudes.

— S'il vous plaît, Sarah. Juste... Faites attention à vous. Je n'ai pas très envie de lancer à nouveau un recrutement pour ce poste.

— Evidemment. Ce n'est que ça qui vous inquiète, sifflai-je. L'aspect professionnel.

— C'est vous que je voulais, Sarah. Et maintenant, vous êtes là. Je serais vraiment déçu de... vous perdre.

Quand il releva les yeux vers moi, j'y vis ce que je n'avais pas vu depuis ma prise de poste ici : il était sincère. Je trouvais la situation de plus en plus absurde. De nouveau, il brouillait les cartes, mélangeant mon métier à son ressenti, ses désirs à mes interdictions. Je me repris finalement et décidai de mettre un terme à cette conversation étrange.

— Je ne veux pas perdre ce travail, éclaircis-je finalement. C'est juste que...

— Laissez-moi une chance, Sarah. Je suis certain que cela peut fonctionner.

— Dans ce cas, je vais suivre votre conseil, souris-je. Je vais rentrer chez moi. Souhaitez-vous toujours que je vienne avec vous à la réception de demain ? demandai-je incertaine.

— Bien sûr. J'ai besoin de vous.

Le timbre de sa voix me fit frémir des pieds à la tête. Mais la lueur de sincérité que j'avais vue dans son regard quelques secondes auparavant était en train de s'estomper. Il redevenait mon patron, l'homme colérique et égocentrique avec qui j'allais devoir travailler.

J'opinai doucement, lui assurant ainsi qu'il pouvait compter sur moi et mon fameux « professionnalisme ». Je quittai la pièce dans un état second, partagée entre une colère sourde et une forme de soulagement. Alexandre rejoignit son bureau, la fatigue gagnant finalement son visage. J'enfilai mon manteau, constatant par la même occasion que Nicolas avait laissé sa carte de visite sur mon bureau avec son numéro privé. Pour avoir l'esprit tranquille, je me décidai à saluer Alexandre.

— Bonne soirée, soufflai-je, en prenant soin de rester au seuil de son bureau.

— Bonne soirée, Sarah, murmura-t-il. Je viendrai vous chercher vers 20 heures, si cela vous convient.

— Oh. Je pensais que… Enfin, que nous nous retrouverions là-bas ! exhalai-je, surprise.

— J'ai encore quelques bonnes manières, Sarah. Je vous escorterai avec plaisir.

Je me contentai de sourire, acceptant ainsi tacitement sa proposition. J'avais de nouveau ce sentiment étrange à son sujet, je n'étais plus en colère, mais je lui en voulais. En même temps, il n'était pas antipathique, preuve en était l'ombre du sourire qui planait sur ses lèvres. En plein brouillard, je rentrai chez moi, avant de m'effondrer dans mon lit, épuisée.

4

Assises autour d'un brunch, Mona et moi discutions des derniers rebondissements de ma vie professionnelle et amoureuse. Je n'avais pas osé rappeler Nicolas, un peu échaudée par la réaction violente de mon patron.

— C'est juste une tactique pour te garder avec lui. Il va souffler le chaud et le froid, jusqu'à ce que tu craques, lâcha Mona après un long monologue de ma part.

— Je ne sais pas. Tu l'aurais vu... Il était presque désemparé à l'idée que je puisse partir.

Le souvenir de son visage, de son léger sourire me revint. La façon dont ma colère s'était brutalement estompée m'avait surprise. En une seconde, j'avais ressenti le changement d'atmosphère, passant de « tendue » à « presque normale ».

— Te faire croire que tu es indispensable est le plus vieux truc du monde, Sarah. Regarde son ancienne assistante, il l'a remplacée en une demi-journée. Ne te laisse pas berner par ce fou furieux. Et Nicolas ?

— Il m'a laissé son numéro. Je l'appellerai demain. Pour l'instant, je dois gérer Alexandre et une paire de talons aiguilles ce soir !

— Tu veux un bon conseil ? Ne te fais pas avoir ! Joue la professionnelle ! Il ne pourra pas te contrer si tu fais bien ton boulot.

Je fis un sourire crispé à Mona. C'était justement ça le problème : la limite entre la vie professionnelle et la sphère privée devenait difficile à voir. Curieusement, la voix d'Alexandre me hantait. Ce que j'avais vu hier, ce que j'avais ressenti, était loin d'une relation professionnelle. Mais je n'arrivais pourtant pas à définir ce que c'était.

— Je fais mon boulot, Mona. C'est juste… différent. Il fait tout pour m'agacer, mais en même temps exige de moi une confiance absolue.

— Sarah, ne fais pas ça, me gronda gentiment ma meilleure amie. Si tu commences à trouver une once d'humanité à ce type, tu finiras par tout accepter.

— Tu ne comprends pas. Il m'a dit qu'il

me voulait et qu'il avait besoin de moi. Est-ce qu'on dit vraiment ça à son assistante ? Est-ce que...

— Est-ce que c'est un plan pour profiter de toi derrière un bureau et sur un bureau ? Sûrement oui ! Oublie ça, Sarah. Je veux bien que tu couches avec un collègue, mais pas avec le boss. Tu risques trop !

— Tu veux dire mon boulot ?

— Je veux dire ta dignité ! Tu n'es pas ce genre de fille. Tu sais pourquoi ?

— Pourquoi ? demandai-je dans un sourire.

— Parce que je suis ce genre de fille, rit-elle en se désignant du pouce. Et clairement, ce que je fais est bien trop transgressif pour ta morale judéo-chrétienne !

J'éclatai de rire, pendant que Mona levait les yeux au ciel, fière de sa démonstration. Nous finîmes notre brunch en parlant des crises existentielles du photographe de Mona et je rentrai chez moi, réconfortée par ma meilleure amie. Je devais envisager cette soirée sous un angle purement professionnel.

A 19 h 45, après avoir canalisé mes boucles furieuses dans un chignon, je fourrai mes clés dans une pochette noire et m'installai sur le canapé pour enfiler mes talons. La sonnette de la porte de mon appartement retentit à l'instant où je me redressais. Je pris une profonde inspiration avant d'aller ouvrir.

— Bonsoir, lançai-je avec enthousiasme au dos qui me faisait face.

— Bonsoir, Sarah, répondit Alexandre en se tournant vers moi.

Je me figeai en le voyant me tendre un gerbera. J'hésitai un instant, sûrement un peu trop, car Alexandre rengaina sa fleur en fronçant légèrement les sourcils. Je me repris finalement et m'effaçai pour le laisser entrer chez moi. Habillé d'un costume sombre, cravate ton sur ton avec la chemise, je devais admettre qu'il était séduisant. Pour l'occasion, aucune trace de barbe naissante et juste l'odeur un peu tenace de son parfum.

— C'est pour vous, murmura-t-il en me tendant de nouveau la fleur.

— Mer... merci, balbutiai-je, désarçonnée.

Je la triturai entre mes mains, espérant trouver un sujet pour amorcer une conversation normale entre Alexandre et moi. A vrai dire, je ne savais même pas de quoi je pouvais lui parler, hormis du travail.

— Vous devriez la mettre dans l'eau, suggéra-t-il, visiblement aussi tendu que moi.

— Je... Euh... Oui, dis-je, tout en filant dans la cuisine pour trouver un vase.

Dans le salon, j'entendis le pas d'Alexandre,

étouffé légèrement par le tapis épais qui habillait mon sol. Toujours décontenancée par son attitude, je me forçai à rester calme et concentrée. Le maître mot de la soirée était le professionnalisme.

— Merci pour la fleur, dis-je en revenant dans le salon, vous n'étiez pas obligé.

— Vu votre réaction, je suis heureux de ne pas avoir pris un vrai bouquet ! Vous êtes très élégante, me complimenta-t-il soudainement.

— Si je vous remercie encore, allez-vous me fustiger pour ma gratitude ? m'enquis-je dans un sourire.

— Très certainement, répondit-il avec sérieux. Pouvons-nous y aller ? demanda-t-il, un peu froid.

— Je vais prendre mon manteau.

En silence, Alexandre me suivit dans l'entrée et, sans me demander mon avis, prit mon manteau accroché sur la patère et m'aida à l'enfiler. Je sentis ses doigts effleurer ma nuque dégagée et m'écartai très vite de lui, mal à l'aise. Le trajet en voiture parut durer une éternité. Je n'arrivais pas à lancer un sujet de conversation, et quand j'ouvris la bouche, ce fut pour la refermer aussitôt. Quand, enfin, nous nous arrêtâmes devant l'hôtel qui hébergeait la réception, j'en fus soulagée. Fini l'espace confiné, fini le tête-à-tête désagréable.

Le chauffeur ouvrit ma portière, mais Alexandre me retint, posant sa main sur mon avant-bras. Comme la veille, ce même sourire énigmatique orna ses lèvres. Le contact de sa paume me tétanisa encore plus.

— Merci d'être venue avec moi ce soir, souffla-t-il d'une voix chaude, tranchant avec l'atmosphère glacée de la voiture.

— De la gratitude, monsieur ? m'étonnai-je dans un sourire.

— En dehors du bureau, « Alexandre » suffira. Et oui, Sarah, je peux aussi faire preuve de gratitude, cela fait partie de mes nombreux talents.

— Vous m'avez mise au pied du mur, je n'avais pas vraiment le choix, *monsieur*.

— Je ne vous forcerai jamais à faire quelque chose dont vous n'avez pas envie, Sarah.

— Ravie de l'apprendre, sifflai-je. Maintenant, si vous voulez bien m'excuser, je crois que nous avons du travail qui nous attend.

J'arrachai mon bras à son emprise. A bout de souffle, je descendis de la voiture avec la ferme intention de ne pas lui laisser prendre le contrôle sur moi et sur la soirée. Etre mon patron ne lui donnait pas le droit de me manipuler. La foule était dense et la salle un peu fraîche. Alexandre me devançait, serrant des mains, lançant des sourires. Je me contentai de le suivre, piétinant un peu, pestant contre ma petite taille, malgré mes talons hauts. Quand enfin nous parvînmes à hauteur du bar, mon patron sembla se souvenir de ma présence.

— Je crois savoir que vous aimez le champagne, me proposa-t-il en m'offrant une coupe.

— Merci, monsieur, murmurai-je.

— Alexandre, corrigea-t-il avec sérieux.

— Comment disiez-vous déjà ? Ah oui, « ne pas mélanger le travail et le plaisir ».

Je levai ma coupe vers lui, ravie de pouvoir résister à ses méthodes peu recommandables. Il me fixait encore avec cette lueur étrange dans le regard, sirotant son champagne lentement. Du coin de l'œil, j'avisai une dizaine de tables dressées. J'espérais vaguement que les crustacés n'étaient pas à l'ordre du jour.

Je finis mon verre rapidement, essentiellement parce que je ne trouvais toujours pas de sujets de conversation avec Alexandre. Ce silence était gênant et éprouvant. Fort heureusement, il semblait connaître tout le monde à cette soirée et, très vite, je m'intéressai aux conversations qu'il menait, mêlant sujets professionnels et d'autres, plus privés.

— Je vous accompagne à notre table, proposa-t-il finalement quand le dîner fut annoncé.

Il cala sa main sur le bas de mon dos et nous rejoignîmes nos places. Je me crispai un peu en sentant de nouveau sa paume chaude contre moi. Ma tension s'accrut quand il se pencha sur moi, son souffle se perdant dans mon cou.

— Lundi matin, débriefing dans mon bureau. J'espère que vous serez à la hauteur, murmura-t-il, les mâchoires serrées.

— Je le serai, assurai-je, en espérant que ma voix ne flanche pas.

Il tira ma chaise pour m'aider à m'installer, me rappelant ainsi ces fameuses bonnes manières. Je secouai la tête, toujours perdue par son comportement. Il avait cette faculté incroyable de souffler le chaud et le froid et de me faire perdre le fil de mes pensées.

— Ma mère a toujours été très à cheval sur la galanterie, expliqua-t-il en devinant mon sourire.

— Ce qui explique la fleur, répondis-je en m'asseyant.

— Pas vraiment. Pour être honnête, murmura-t-il à mon oreille, j'ai coupé une fleur dans le parterre en bas de chez vous.

J'éclatai de rire, le suivant du regard alors qu'il s'asseyait sur ma droite. Il esquissa un faible sourire et posa sa serviette sur ses genoux. La lueur de malice dans son regard me fit sourire encore plus largement. Le serveur me servit du vin blanc, pendant que je jetais un coup d'œil au menu. Je grimaçai en voyant les crevettes.

Mais je n'eus pas le temps de me faire à cette idée que déjà un serveur m'apportait une assiette de foie gras.

— J'ai pris la liberté de vous commander un menu sans fruits de mer, m'annonça Alexandre. C'est dans votre dossier, compléta-t-il en me voyant bouche bée. Je suis professionnel, moi aussi.

Il risqua un autre sourire auquel je répondis avec hésitation. A quel jeu jouait-il ? Le serveur posa une assiette de saumon fumé devant Alexandre. Je grimaçai rien qu'à l'odeur d'iode.

— Merci d'avoir pensé à moi, murmurai-je.

— Je vous en prie, Sarah. Vous connaissez mon aversion pour la cuisine chinoise, c'est donc un juste retour des choses. Restez attentive pendant le dîner, me rappela-t-il.

J'opinai, prête à enregistrer toutes les informations possibles qui filtreraient pendant ce repas. A l'avenir, je me devais d'être un puits d'informations, aussi je retins les éléments qu'Alexandre, trop pris dans les affaires, ne noterait sûrement pas : la passion de l'un pour l'art contemporain, l'amour des voitures de course de l'autre.

A la fin du dîner, Alexandre se leva et se plaça derrière moi, les lèvres à quelques centimètres de mon cou.

— Venez danser, m'intima-t-il d'une voix grave.

— Vous voulez encore me démontrer vos bonnes manières, monsieur ? contrai-je dans un sourire.

— J'ai l'impression que vous n'avez toujours pas lu votre contrat, chuchota-t-il en prenant ma main dans la sienne.

— Ne me dites pas qu'il y a une clause sur la danse ? m'écriai-je, un peu effrayée.

— Pas sur la danse, non, sourit-il, énigmatique.

Je risquai un petit sourire, appréciant une pointe d'humour dans cette soirée guindée. Il m'entraîna sur la piste, me serrant contre lui pendant que l'orchestre massacrait un morceau de Sinatra. Je grimaçai en entendant le chanteur monter dans les aigus avec une voix de crécelle.

— L'orchestre est catastrophique, constata Alexandre en fusillant du regard le pauvre homme.

Quand son regard descendit sur moi, je sentis mon ventre se tordre doucement. Mais ce n'était pas aussi désagréable qu'au début de la soirée. Il remonta sa main, provoquant une nouvelle réaction de mon corps. Un frisson remonta le long de ma colonne, resserrant ma gorge. Ma respiration était un peu plus lourde. Ses yeux noisette me transperçaient presque, me fixant avec une étrange ardeur. J'agrippai son épaule un peu plus fort, froissant presque le tissu de sa veste.

— Je vais vous libérer d'ici une heure, souffla-t-il.

— Je passe une très bonne soirée, avouai-je. Par ailleurs, vous êtes un excellent danseur.

— Je crâne un peu, à vrai dire. Parce que j'aime vraiment me pavaner avec une belle femme, murmura-t-il, me faisant rougir jusqu'à la racine des cheveux.

Les joues brûlantes, je sentis mon cœur s'emballer. Ce n'était pas le compliment, ni même le fait que les lumières tamisées mettaient en valeur ses traits. C'était juste le son de sa voix, la douce vibration, un peu rauque et profonde, qui me remuait l'estomac. Je me raclai doucement la gorge, espérant qu'il ne réalisait pas à quel point mon corps était réceptif. Trop même.

— Avez-vous déjà entendu parler de cette loi sur le harcèlement sexuel ? plaisantai-je.

— Vaguement. Mais dans la mesure où j'ai déjà bravé beaucoup de règles pour vous avoir avec moi...

— Dégradation de biens publics, annonçai-je en repensant à sa fleur.

— Allez-vous me dénoncer ?

— Je pourrais vous faire chanter !

— Votre contrat comporte une clause de

loyauté. Vous devez rester professionnelle, même si je deviens un délinquant.

Il m'offrit un sourire éblouissant et son étreinte se resserra un peu plus. Je me retrouvai quasiment collée contre lui, sentant les légers effluves de son parfum. A mon grand regret et alors que je commençais enfin à prendre du plaisir à danser avec lui, la chanson toucha à sa fin et Alexandre s'écarta de moi en me remerciant. C'est en regagnant notre table que l'improbable eut lieu. Je m'arrêtai net, les yeux écarquillés.

Brutalement, le nuage rose sur lequel j'avais flotté pendant un quart de seconde dans les bras de mon patron explosa et j'eus la sensation de me crasher au sol dans un sifflement sinistre.

— Eh bien, en voilà une surprise, murmura Alexandre.

— Nicolas..., murmurai-je, ébahie.

— Je ne pensais pas te voir ici, lança Alexandre en serrant la main que son directeur des ressources humaines lui tendait.

— A vrai dire, ce n'était pas prévu. Mais je constate que tu as su t'adjoindre les services de la pétillante Sarah. Bonsoir, Sarah, souffla-t-il avant de saisir ma main pour l'embrasser doucement.

Je la retirai prestement et Alexandre me jeta un regard inquiet, sondant ma réaction. Toujours interdite, je finis par reprendre mes esprits, le saluant à mon tour en balbutiant. Mon patron se plaça juste derrière moi et sa main retrouva le bas de mon dos. Dans le même temps, une splendide rousse enroula son bras autour de Nicolas, me replongeant instantanément dans mon ahurissement.

— Gwen, quelle délicieuse surprise! souffla Alexandre.

Derrière moi, je sentis son corps se raidir à l'extrême. Nicolas risqua un œil vers moi, mais tout ce que je percevais, c'était cette tension effroyable entre nous quatre. Derrière moi, l'orchestre enchaîna sur un standard de Sam Cooke.

— Nous n'avons pas été présentées, je crois, dit Gwen en tendant sa main vers moi.

— Je... Euh... Sarah, bégayai-je.

— C'est mon assistante, compléta mon patron.

— Je reconnais bien là ta passion pour le travail, railla la grande rousse. Allons danser, Nicolas.

D'un mouvement, elle l'attira contre elle et ils se dirigèrent vers la piste. Atterrée, je les suivis du regard, sentant la main d'Alexandre se détacher de moi. Toujours dans mon dos. je devinai son souffle dans ma nuque et frémis un peu.

— C'est sa femme, avoua-t-il finalement tandis que je les regardais danser l'un contre l'autre.

— Pouvez-vous... Enfin... Avez-vous encore...

— Je vais vous raccompagner, Sarah, me coupa-t-il, visiblement concerné par mon malaise.

Il enroula son bras autour de ma taille, me forçant ainsi à sortir de ma nébuleuse contemplation. Nicolas et Gwen dansaient, collés l'un à l'autre, dans une intimité qui frôlait l'indécence.

Nous regagnâmes le hall, pour récupérer nos manteaux. Alexandre posa le mien sur mes épaules et me dirigea vers l'extérieur. Dans la voiture, je restai silencieuse, digérant avec amertume cet énorme mensonge. Je fixai mon attention sur la route et, avant même que je m'en aperçoive, nous étions devant chez moi.

5

Alexandre posa doucement sa main sur la mienne, cherchant à attirer mon attention.

— Je vous avais prévenue, Sarah.

Je le fixai, estomaquée par son aplomb. Comment osait-il ? Après m'avoir fait une scène sur ma vie privée, il tentait maintenant de me consoler.

— Vous m'aviez prévenue ? murmurai-je. Prévenue de quoi au juste ?

— Que vous faisiez fausse route. Nicolas est... disons qu'il est coutumier de ce genre de méfaits. J'espérais que vous ne tomberiez pas dans le piège...

— Allez vous faire voir ! sifflai-je en ouvrant la portière.

— Sarah ! m'interpella-t-il alors que je sortais

de la voiture en tenant comme je le pouvais mon manteau autour de moi.

Je grimpai la volée de marches menant à l'entrée de mon immeuble, entendant derrière moi le pas rapide d'Alexandre. Comme il l'avait fait dans son bureau, il me fit pivoter en agrippant mon coude. Mais j'étais trop défaite pour réagir. Je m'adossai à la porte d'entrée, essoufflée et prête à entendre ce qu'il allait me dire. Mes yeux me piquaient un peu — plus de rage que de véritable tristesse. Alexandre, mâchoires serrées, me libéra finalement et planta son regard dans le mien.

— Je ne voulais pas que vous l'appreniez ainsi, dit-il finalement après un court silence.

— Vous auriez dû me le dire. Je crois me souvenir d'une vague notion d'honnêteté dans une de nos discussions, raillai-je.

— Vous avez raison, avoua-t-il en baissant les yeux.

— L'humiliation est donc totale, ricanai-je. J'étais déjà une piètre assistante à vos yeux, voilà en plus, maintenant, que je suis une écervelée !

— Ce n'est pas du tout ce que je pense de vous, me rassura-t-il. Je voulais vous préserver. Je... je ne voulais pas empiéter davantage sur votre vie. Je ne le fais que trop depuis que vous travaillez pour moi.

— Ce sont plutôt vos intérêts que vous vouliez préserver ! Ou peut-être simplement votre image d'homme passablement arrogant ! grognai-je.

— Sarah, c'est vous qui me tenez tête en permanence. Je ne sais pas comment gérer ça ! Vous me prenez au dépourvu à chaque fois, vous venez de me dire d'aller me faire voir !

— Mais virez-moi dans ce cas ! m'écriai-je avec violence.

Un sourire amusé flotta sur ses lèvres. Cela m'agaça encore plus et je me décidai à rentrer chez moi, pour pleurer sur ma dignité et mon job perdus. Je récupérai mon trousseau de clés et fonçai dans le hall, espérant que cela suffirait à calmer Alexandre et sa fâcheuse habitude de me poursuivre. Je soupirai en entendant de nouveau ses pas derrière moi. L'ignorant, je tapai furieusement sur le bouton d'appel de l'ascenseur.

Et j'avais été assez idiote pour danser avec lui... Pire encore, pendant quelques secondes, j'avais oublié qu'il était mon patron.

— Je ne crois pas vous avoir invité à me suivre, murmurai-je, en colère.

Je me tournai finalement vers lui.

— Je n'arrive toujours pas à y croire, pestai-je. Vous le saviez !

— Je suis ravi de constater que votre excès de gratitude envers moi cesse enfin ! sourit-il en fourrant les mains dans les poches de son pantalon. Je ne vais pas vous virer, Sarah, vous savez pourquoi ?

— Pourquoi ? m'exaspérai-je.

— Parce que vous êtes une excellente assistante.

— Voilà qui regonfle mon ego légèrement écorné par cette soirée. Je suis donc une bonne assistante, accessoirement potiche pour vos soirées mondaines. Mona avait raison, j'aurais dû...

— ... Et parce que vous êtes très jolie en colère, me coupa-t-il brutalement.

Stupéfaite, je restai coite. Alexandre étouffa un rire et pendant une seconde je me demandai s'il était sérieux ou non. Sa manière de me déstabiliser en permanence devenait agaçante.

— Peut-être que ce n'était pas le meilleur moment pour vous le dire, constata-t-il entre deux éclats de rire qui lui échappèrent.

Je le fixai, hébétée, ne sachant pas si je devais l'accompagner dans l'hilarité ou lui dire de nouveau d'aller se faire voir. Il leva les mains devant lui, prêt à opter pour une stratégie défensive, quand finalement mon cerveau se remit en marche. La situation était à mi-chemin entre le ridicule et le surréalisme. Le *ding* de l'ascenseur me sortit de ma torpeur mais, les pieds figés au sol, je l'observai se refermer presque aussitôt devant moi.

— Est-ce que je peux ? demanda Alexandre en désignant mes cheveux.

Sans attendre ma réponse, il tira sur la baguette qui les maintenait en chignon. Mes mèches dégringolèrent, libres, sur mes épaules. De nouveau, la trace de son parfum parvint à mes narines, et instinctivement mon corps se tendit. Cette soudaine proximité, les restes de ma colère, son regard un peu plus sombre et même l'éclairage trop vif du hall me mettaient mal à l'aise.

— Vraiment jolie, souffla-t-il en me fixant, ses doigts jouant avec la pointe de mes cheveux.

En une seconde, l'atmosphère changea. Ma colère était en train de se diluer dans ses sourires, son regard ardent et la façon dont le bout de ses doigts triturait mes cheveux. Des confins de mon esprit, l'avertissement de Mona me revint.

Mais Mona n'avait pas eu à affronter ce regard pénétrant, ni même ces lèvres entrouvertes. Aussi, quand les doigts d'Alexandre atteignirent finalement ma joue, je me pétrifiai un peu plus. Qu'était-il en train de faire ? La pulpe de son pouce caressa tendrement ma joue et un léger sourire flotta sur ses lèvres. Le souffle court, presque haletante, je croisai son regard. Un bruit de froissement m'indiqua que mon manteau avait glissé de mes épaules et, ensuite, je ne sentis plus rien que la bouche d'Alexandre sur la mienne.

Son baiser fut furtif, léger, quasi imperceptible. Il s'écarta presque immédiatement, comme si je l'avais brûlé. Son regard se posa tour à tour sur mes lèvres et mes yeux, dans un papillotement de paupières. Mon ventre se tordit dans une douleur sourde. Mon cœur frappa étrangement dans ma poitrine, partagé entre l'envie et la culpabilité.

Alexandre était mon patron.

Mais il replongea sur mes lèvres et m'embrassa de nouveau. La sensation était inédite, mais loin d'être désagréable. Sa langue dansa contre la mienne, me soutirant un gémissement étouffé, premier signe du retour à la vie de mon corps. Alexandre me poussa contre l'ascenseur et mon dos heurta durement les portes en acier.

— Désolé, murmura-t-il, détachant ses lèvres des miennes.

Ses épaules se soulevaient spasmodiquement. Au son de sa voix, je sentis ce délicieux chatouillis me reprendre et poser ses valises dans le fond de mon estomac. Soudant son front au mien, les yeux clos, il sembla reprendre sa respiration. La mienne était toujours erratique, et même le contact glacé des portes derrière moi ne parvint pas à me sortir de ma stupéfaction.

Mon patron m'avait embrassée.

— Vous devriez rentrer chez vous, Sarah.

— Je… Euh…, bégayai-je.

Il s'écarta de moi, conscient de la nécessité que nos deux corps ne soient plus en contact. Il réprima un sourire avant de secouer la tête, défait.

— Je vous en prie, rentrez chez vous avant que je n'enfreigne de nouveau la loi dans le hall de votre immeuble.

— Vous m'avez embrassée, bredouillai-je comme pour rendre la chose vraie. Ce n'est pas…

— Certes, mais ce que j'envisage avec vous n'est définitivement ni chaste, ni pur… ni légal, ajouta-t-il dans un murmure, sa bouche à proximité de mon oreille.

La vibration de sa voix me fit fermer les yeux tandis qu'un frisson remonta le long de ma colonne vertébrale. Alexandre embrassa la ligne de ma mâchoire, jusqu'à mes lèvres et me vola un nouveau baiser, plus heurté et rageur que le premier. De nouveau, mon corps sembla éteint, tellement surpris et déstabilisé que je n'avais aucune réaction. Aucune, sauf le mouvement de mes lèvres contre les siennes.

— Sarah, s'il vous plaît…, m'exhorta-t-il faiblement.

De nouveau, il recula, l'air encore plus perdu qu'avant. J'opinai, un peu tremblante et totalement désarçonnée. Je pivotai, appuyant de nouveau sur le bouton d'appel de l'ascenseur. Je sentis Alexandre remettre mon manteau sur mes épaules. Ses lèvres caressèrent la peau de ma nuque et instinctivement je basculai la tête en arrière pour lui en autoriser l'accès.

— Sarah, murmura-t-il de cette voix incroyablement chaude. Rentrez chez vous, répéta-t-il, son timbre vibrant sur ma peau.

J'entrai dans la petite cabine, réfléchissant à toute vitesse à ce que je devais faire. Dès que mon corps n'était plus en contact avec le sien, je reprenais mes esprits et réalisais que j'étais en train d'enfreindre, moi aussi, un paquet de règles. Le travail et le plaisir...

— Qu'attendez-vous de moi au juste ? Que voulez-vous ? lui demandai-je en le fixant ardemment.

Son regard noisette accrocha le mien et, dans un souffle, il avoua finalement ce qui le retenait.

— Vous, Sarah. Passez une bonne nuit, ajouta-t-il après m'avoir laissé le temps d'assimiler sa réponse.

Stupéfaite, je vis les portes se refermer sur le sourire discret d'Alexandre. Dans un réflexe spontané, je plaçai ma jambe pour empêcher qu'elles se ferment tout à fait. Mon patron se dirigeait vers la porte de la résidence, les mains fichées dans ses poches.

— Hé ! criai-je pour attirer son attention.

Il me fit face et une forme de panique s'empara de moi. Qu'étais-je en train de faire ? C'était mon patron. L'homme qui m'avait dit que j'étais jolie avec une sincérité effrayante.

— Bonne nuit, *Alexandre*, lâchai-je finalement, en rougissant légèrement.

Ses lèvres s'étirèrent en entendant que j'avais utilisé son prénom.

— A lundi, Sarah.

Et dans un dernier sourire, il disparut. Je rentrai chez moi hagarde et déboussolée. En me glissant dans mon lit, je passai mes doigts sur ma bouche, réalisant l'ampleur de la situation : mon patron m'avait embrassée, Nicolas était marié et j'étais perdue.

Le lendemain, après une nuit agitée, je me décidai à lire le fameux contrat me liant à Alexandre. Je retrouvai mon avenant au fond de mon sac, dans un état assez calamiteux. Après être passée rapidement sur les détails administratifs, j'arrivai aux clauses spécifiques.

« L'assistante s'engage à une disponibilité entière, au service de son responsable hiérarchique. »

Je repoussai l'assiette de mon déjeuner, éberluée.

« L'assistante s'engage à faire preuve de confidentialité, de réserve et de loyauté envers son responsable hiérarchique.

» L'assistante s'engage à faire part à son responsable hiérarchique de tous changements familiaux, même d'ordre intime, pouvant interférer avec la tenue de son poste. »

Les fameuses contingences qu'Alexandre redoutait.

« L'assistante devra contribuer à la bonne image de l'entreprise, et participer aux soirées professionnelles et autres événements liés à la société. »

Dieu du ciel. J'étais devenue une sorte de femme-sandwich. Mais le dernier article me fusilla sur place.

« L'assistante se devra de répondre aux requêtes, quelle que soit leur nature, de son responsable hiérarchique. Si toutefois ce dernier constatait une défaillance de son assistante, ce contrat se verrait immédiatement dénoncé. »

J'avalai ma salive difficilement, les propos d'Alexandre, lors de la signature, me revenant en tête. « Désormais, vous êtes à moi. » Il avait raison. Mais ce n'est pas ce qui me choqua le plus pendant ma lecture. Durant mon adolescence, subir ma mère, sorte de despote ménager et passablement vieux jeu, avait provoqué en moi une révolte féministe. Je m'étais abreuvée de lectures sur le droit de la femme et sur l'égalité des sexes. J'avais une conscience politique.

Malgré ça, je ne me sentais pas ulcérée par ce que je venais de lire. Tout était cohérent avec la personnalité d'Alexandre. Mystérieux, puissant, exigeant. Tout collait. Et j'acceptais ça, parce qu'il avait ce magnétisme étrange et déroutant, parce qu'il m'avait embrassée avec une ferveur inédite et parce qu'il avait cet étrange pouvoir sur mon corps.

Mon dimanche passa très vite, prise que j'étais dans le brouillard de mes pensées. Mon métier, ma vie... Alexandre et Nicolas qui s'entrechoquaient. J'abordai le lundi un peu inquiète, mais rassurée par l'avis de Mona.

— Tu étais devant l'ascenseur et vos lèvres se sont accidentellement rencontrées ?

— Si on peut dire.

— Sarah, la seule question que tu dois te poser, c'est : qui a initié cette rencontre buccale fortuite ?

— Lui, avais-je répondu, sans hésitation.

— Alors ne crains rien. Et au pire, tu l'attaqueras pour harcèlement sexuel !

— Mona ! Ce n'est pas... ce n'est pas du tout ça, avais-je tenté d'expliquer.

— Alors c'est quoi ?

J'avais fixé Mona, incapable de lui répondre. Comment aurais-je pu lui expliquer ce que moi-même j'avais du mal à admettre ? Cette attirance magnétique, son regard, mes réactions imprévisibles… et l'envie de plus en plus tenace d'entendre mon prénom prononcé par cette voix grave. C'était inédit pour moi, et effrayant.

Pour être honnête, Alexandre devait surtout éclairer ma lanterne, car je cherchais à comprendre où était la limite entre ma disponibilité à mon supérieur hiérarchique et ma vie privée.

Aussi, en traversant le long corridor qui menait à mon bureau, je sentis mon ventre se tordre sous l'effet de l'anticipation. Alexandre serait-il là ? Devrais-je l'affronter ? Et qu'allais-je dire ? La nervosité me gangrenait et je m'efforçais de la chasser pour penser clairement.

Je posai mon sac et mon manteau à leurs places habituelles et lançai mon ordinateur avant de risquer un œil vers le bureau de mon patron. Il était là, au téléphone, sa cravate déjà dénouée, malgré l'heure matinale.

Je tirai mon fauteuil, me figeant en voyant un gerbera qui m'attendait. Un sourire s'étira sur mes lèvres et je portai la fleur à mon nez. Je relevai les yeux vers Alexandre, ce dernier me fixa intensément et me fit un signe discret de la main. Je le saluai en retour, d'un simple mouvement de tête.

Ma messagerie me rappela que j'avais du travail. Déposant la fleur devant mon écran, j'entamai l'épluchage de mes urgences de la journée.

— Bonjour, dit Nicolas en entrant dans mon bureau.

— Bonjour. Je présume que vous venez pour vos signatures, sifflai-je, tendue.

— Alexandre vous a donc mise au courant, conclut-il alors que la rage devait flamber dans mon regard. Je savais que je prenais un risque en venant à cette soirée avec Gwen.

— Si vous voulez bien m'excuser, lançai-je en voulant récupérer ses dossiers dans le bureau de mon patron.

J'évitai son regard, mais Nicolas refusa de se décaler pour me laisser passer. Je finis par lever les yeux vers lui, espérant lui faire comprendre que je n'étais pas d'humeur.

— Excusez-moi, grognai-je.

— Sarah, murmura-t-il. Je sais que ça peut marcher.

Je secouai la tête, amère et dégoûtée par son comportement. Qu'il me drague quand j'ignorais la vérité pouvait encore passer, mais là, c'était trop. Mécontent de mon silence, il attrapa mon menton et me força à fixer son visage.

— Je peux vous offrir tout ce que vous avez toujours voulu.

— Y compris l'exclusivité de vos... faveurs ? contrai-je, fielleuse.

— Vous êtes exigeante, constata-t-il en souriant. Ne pouvons-nous pas négocier ?

Je repoussai sa main violemment et l'écartai du passage. Rageuse, j'entrai dans le bureau d'Alexandre sans même prendre le temps de frapper à sa porte. Surpris, il releva le nez de son écran, m'observa me saisir du parapheur, avant que je ne quitte son espace, transportée par la colère.

— Vos signatures, dis-je en tendant le parapheur à Nicolas. En vous souhaitant une bonne journée, ajoutai-je en espérant qu'il comprenne.

Je me réinstallai derrière mon bureau, reprenant mon travail. Du coin de l'œil, je vis Alexandre se lever, fixant Nicolas étrangement. Je serrai les mâchoires, espérant que l'entrevue n'allait pas se poursuivre dans mon bureau.

— Bonjour, Sarah, lança Alexandre avec un sourire lumineux.

— Monsieur, le saluai-je, avec hésitation.

— Nicolas, dit-il en tendant sa main vers son directeur des ressources humaines. Avais-tu besoin de me voir ?

— Ça ira. Sarah a été très diligente, comme toujours. J'aurais dû la prendre à mon service, sourit-il, fier de lui.

Je fusillai Nicolas du regard, me retenant

de le gifler instantanément. J'espérais presque qu'Alexandre me défende.

— Avoir Sarah à mes côtés est une bénédiction, lâcha-t-il, très sérieux. Mais si je te vois encore une fois lui manquer de respect, comme tu viens de le faire, je n'aurai aucun scrupule à te virer.

Nicolas pâlit subitement et serra le parapheur contre lui dans un geste de protection. Il quitta mon bureau en prenant soin de baisser les yeux et de contempler la moquette. « Avoir Sarah à mes côtés »... Où était donc la limite entre ce bureau et le hall de mon immeuble ?

— Merci, soufflai-je, dès qu'il fut hors d'atteinte.

— Remerciez ma mère et ses valeurs chevaleresques.

— Est-ce donc elle que je dois remercier pour la fleur ? Ou peut-être dois-je aller vérifier le parterre en bas de chez moi ? le questionnai-je en souriant largement.

— Cette fleur est sûrement le seul investissement que je ne regrette pas.

Debout devant mon bureau, il resta un moment silencieux. J'espérai qu'il alimente la conversation, maintenant que je l'avais orientée sur le sujet qui me tourmentait. Mais très vite il se pencha et riva ses yeux sur mon écran.

— Désirez-vous quelque chose ? l'interrogeai-je, tout en sentant les effluves de son parfum.

— Des tas de choses, Sarah, murmura-t-il, en marquant un silence entendu. Pour commencer un point d'agenda avec vous, j'ai un impératif ce soir, s'il vous plaît, libérez-moi à partir de 18 heures.

— Bien, approuvai-je en le notant.

— Et calez-moi un rendez-vous demain avec Nicolas. J'ai des choses à voir avec lui.

Je grimaçai un peu en notant son prénom sur mon bloc-notes. La perspective de le croiser au quotidien était agaçante. Alexandre se pencha un peu plus, s'asseyant même sur le rebord de mon bureau. Visiblement, son planning très chargé ne lui plaisait que peu.

Je posai mon regard sur le bas de son visage, me concentrant sur la ligne de sa mâchoire, avant de descendre sur ses lèvres. Ma bouche s'assécha immédiatement et mon cœur se comprima dans ma poitrine. Je ne pouvais plus vraiment nier l'effet qu'il provoquait sur moi. Surtout à cette distance.

— Un problème ? demandai-je, incertaine.

— Si on veut. J'aimerais vous inviter à dîner en fait, avoua-t-il, rivant ses yeux dans les miens.

Je ne sus quoi lui répondre. Devant mon silence, il continua :

— Sarah, ne m'obligez pas à utiliser votre

contrat comme moyen de parvenir à mes fins. Ça me donnerait la sensation de vous forcer la main.

Je m'entendis déglutir lourdement, hypnotisée. Mes yeux papillotèrent, détaillant son visage, avant de glisser vers son cou et le petit carré de peau que révélait sa cravate desserrée. Nerveusement, et incapable de faire autre chose, je compulsai son agenda, à la recherche d'une soirée de libre.

— Ça va être difficile cette semaine, chevrotai-je péniblement.

— Je suis libre ce soir, contra Alexandre.

— Et votre impératif ?

Il se redressa de mon bureau et esquissa un sourire conquérant. En une seconde, tout se clarifia, j'étais l'impératif. Je rougis violemment et, les mains tremblantes, j'insérai mon prénom sur son agenda.

— Je passerai vous chercher chez vous ? demanda-t-il.

— Oh... Eh bien, je pensais que nous pourrions partir d'ici ensemble, soufflai-je, toujours estomaquée.

— Et manquer une occasion de recevoir une nouvelle fleur ? murmura-t-il, son visage très proche du mien.

— Vous pourrez me l'offrir plus tard, tentai-je dans un sourire.

— *Plus tard*, répéta-t-il. J'apprécie ce concept.

— Dois-je réserver quelque chose ? demandai-je, de nouveau en mode professionnel.

— Et me gâcher le plaisir de vous surprendre ? s'étonna-t-il en se redressant. Je pense que je peux gérer ça, Sarah.

Dans un dernier sourire, il quitta mon bureau et rejoignit le sien. Stupéfaite, je le suivis du regard. Mais, très vite, ma surprise laissa place à autre chose. Un mélange de curiosité et d'anticipation prit le pas sur le reste. Alexandre avait été clair : il ne s'agissait ni d'un dîner professionnel, ni d'une lubie. Il voulait dîner avec moi.

6

Epluchant son agenda, je cherchai en vain ses éventuelless habitudes nocturnes. Mais comme je m'y attendais, il n'y avait aucune information. Beaucoup de rumeurs couraient sur Alexandre, notamment au sujet de sa vie privée. Par ailleurs, certains s'interrogeaient sur son parcours professionnel : comment un type aussi jeune avait-il pu parvenir à se hisser à ce poste ? Le secret, le mystère, les rumeurs... Alexandre était une énigme et c'était ce que je devais démêler avant de risquer mon poste.

Ou de risquer autre chose.

Je passai ainsi l'après-midi à l'observer discrètement. Du moins, quand il était là, car il enchaîna les réunions jusqu'à la fin de la journée, me faisant ainsi louper le point d'agenda que j'attendais pourtant fébrilement. A la tombée de la nuit, alors que je bataillais avec une compagnie aérienne pour lui dégoter une place en vue d'un déplacement à Rome, Alexandre revint à son bureau, une pile de dossiers sous le bras. Il s'affala dans son fauteuil et défit totalement sa cravate, avant de la jeter devant lui. La fatigue dominait son visage et, vu comment se profilaient les jours à venir, je doutais fort qu'il pût récupérer rapidement.

— On peut remettre ce dîner…, lançai-je en entrant dans son bureau.

Il sursauta dans son siège, pris par surprise. Il se frotta le visage, comme s'il cherchait à chasser ses tracas.

— Sarah, notre soirée est la seule chose qui m'aide à tenir, aujourd'hui. Annulez ce dîner et je n'ai plus qu'à me jeter par la fenêtre, plaisanta-t-il.

— Le chantage au suicide, c'est plutôt moche, constatai-je dans un sourire.

— C'est vrai. Allons-y, proposa-t-il en se redressant. Cette journée finira au moins sur une note positive.

Il prit sa veste et l'enroula sur son avant-bras. De mon côté, j'enfilai mon manteau, récupérai mon sac et éteignis ma lampe. D'un geste de la main, Alexandre m'invita à me diriger vers l'ascenseur, posant doucement sa main dans le bas de mon dos.

— Journée difficile ? demandai-je en le regardant.

— Pas très bonne en effet. Mais dès que nous serons montés dans cet ascenseur, je vous interdis de me parler travail. Je dîne avec vous, Sarah, pas avec l'assistante dévouée que vous êtes.

— Dévouée ? repris-je, flattée.

— Très dévouée. Je pensais ce que j'ai dit à Nicolas, assura-t-il.

L'ascenseur s'ouvrit devant nous, et nous nous dirigeâmes vers le garage. D'après les rumeurs qui circulaient, Alexandre roulait dans une superbe voiture décapotable à faire pâlir n'importe quel tombeur italien. Aussi, quand il sortit ses clés, je cherchai des yeux le carrosse de mon énigmatique prince.

— J'espère que cela ne vous ennuie pas, dit-il pendant que j'écarquillais les yeux, littéralement sciée.

— C'est à vous ? demandai-je en désignant l'engin de l'index.

J'évaluai rapidement la situation. Avec ma jupe et mon léger chemisier, je n'avais pas la tenue idéale. Le regard d'Alexandre navigua sur moi, comprenant ce qui me gênait.

— Je n'avais pas pensé... à ça, admit-il. Je vais nous commander un taxi et...

— Non, non, ça ira, le coupai-je d'un geste de la main. Je suis juste surprise.

— Comme vous voulez. Avez-vous de quoi attacher vos cheveux ? Je vous donne un casque.

Du caisson de la moto, il sortit un casque noir. Je ramenai mes cheveux dans une queue-de-cheval assez basse et l'enfilai. Je calai mon sac dans le coffre. Dans un sourire, Alexandre resserra la jugulaire, puis souleva la visière.

— Je sais qu'il fait frais, mais nous n'allons pas loin. Voulez-vous des gants ?

Je secouai la tête, refusant net. Mon patron — ou mon rencard, je ne savais plus bien — s'installa sur sa moto et la démarra d'un coup de pied vif.

— Montez, m'intima-t-il.

Prudemment, je grimpai sur la machine, agrippant le blouson d'Alexandre au niveau de ses hanches. Gardant la moto en équilibre, il prit mes mains et me força à l'entourer fermement. Ma jupe remonta jusqu'à mi-cuisses et je pris une profonde inspiration. Ce n'était pas la première fois que je montais sur une moto, mais j'étais de plus en plus surprise par la tournure de la soirée. Ses mains gantées passèrent sur les miennes, s'assurant que tout allait bien. Après leur avoir donné une dernière pression, il accéléra légèrement, et nous sortîmes du parking.

Effectivement, la température était fraîche, je sentis mes muscles se tétaniser et je me crispai autour d'Alexandre. Ce dernier roulait vite, slalomant entre les véhicules avec fluidité. Je n'avais pas la sensation de peur, seuls l'adrénaline et le sentiment de liberté me dominaient. Quand Alexandre finit par ralentir et se garer, je réalisai que j'avais passé le voyage à sourire bêtement dans mon casque. Il coupa les gaz et, tout en descendant, me tendit la main pour me stabiliser.

Retirant mon casque, je le gratifiai de mon plus beau sourire, avant de réajuster ma jupe sur mes jambes. Le coin de sa bouche se souleva, tandis que son regard appréciateur me caressait des jambes à la poitrine, avant d'atteindre mon visage.

— Je peux ? demanda-t-il avec ce ton désormais familier et chaud.

Sans me laisser le temps de répondre, il retira son gant et passa sa main dans mes cheveux pour les démêler. Mon cœur tressauta dans ma poitrine, pendant que je me rejouais la scène de la veille. Les cheveux, le sourire, le baiser. Je secouai la tête. Malgré tout, Alexandre était mon patron et je devais m'interdire de penser à autre chose.

— Vous avez froid ? demanda-t-il, concerné.

— Non, ça va, assurai-je. Où allons-nous ?

— Là-bas, m'indiqua-t-il de l'index. Vous n'avez rien contre un peu de viande ?

— Vous rigolez ? De la viande, du fromage, le tout baignant dans de la graisse industrielle... C'est ce que je préfère ! m'exclamai-je, ravie.

— Vous êtes pleine de surprises, murmura Alexandre en plaçant son bras autour de ma taille. J'aime vraiment ça.

Il me guida vers le restaurant et, dès que nous eûmes franchi le seuil, le serveur le salua chaleureusement d'une poignée de main.

— Mademoiselle, dit ce dernier avec un léger sourire.

— Comme d'habitude, Charlie, indiqua Alexandre. Après vous, Sarah.

Je suivis le serveur, qui me tira ma chaise. A en juger par le restaurant, un peu bruyant, simple et modeste, tant de galanterie ne devait pas être une réelle « habitude » de la maison. Alexandre m'aida à ôter mon manteau et prit la place du serveur. Je m'installai et sentis le souffle de mon patron juste derrière mon oreille.

— Rappelez-vous, nous ne parlons pas travail ce soir.

Il contourna la table et s'assit face à moi. Piquée au vif par sa remarque, je cherchai à me réfugier dans une carte ou mon verre.

Mais je n'avais ni l'un ni l'autre. Je maudis les battements trop rapides de mon cœur dans ma poitrine, qui accéléraient ma respiration et trahissaient ma nervosité.

— Charlie sait ce que je prends, expliqua Alexandre en me voyant papilloter des yeux. Et si je me fie à ce que vous m'avez dit dehors, je pense que vous aimerez.

— Est-ce que votre mère cautionne ce genre de comportement abusif ?

— Ma mère aurait du mal à cautionner que je vous amène ici. L'Olympe a ses faveurs.

— Je vous ferai un mot d'excuse, plaisantai-je. Ceci étant dit, je ne comprends pas…

— … ce que vous faites ici. Je vous l'ai dit, Sarah, je dîne avec vous. J'ai très envie de vous connaître. Je veux dire au-delà de vos impeccables états de service, de votre allergie à l'iode et de votre propension à boire du champagne.

— Vous savez donc l'essentiel.

Charlie revint à notre table et ouvrit une bouteille de vin rouge. Après l'avoir goûté, Alexandre hocha la tête, lui indiquant qu'il avait le feu vert. Je pris immédiatement une première gorgée, sous le regard amusé de mon vis-à-vis. Je me tendis un peu, réalisant que j'étais sûrement un peu trop nonchalante pour un dîner avec mon patron, voire un rendez-vous galant.

— Ce n'est pas l'essentiel qui m'intéresse, souffla-t-il. Tout le monde a une face cachée.

— Y compris vous, contrai-je. Dînez-vous souvent avec vos employées ?

— Je fréquente à peine la cantine, s'esclaffa-t-il en portant son verre à ses lèvres.

— Sauf pour me convaincre de rester dans l'entreprise.

— Situation d'urgence, se justifia-t-il. Et je ne le regrette pas une seule seconde.

— Je ne le regrette pas non plus. Surtout pour les fleurs, complétai-je. Vous n'avez pas répondu à ma question.

— C'est une première ! avoua-t-il. C'est aussi la première fois que j'amène quelqu'un ici.

— Je suis flattée ! m'enthousiasmai-je.

— Vous pouvez l'être. A vrai dire, je craignais un peu votre réaction ce matin. Après... après samedi soir, hésita-t-il.

De nouveau, je sentis mon corps se crisper sous le regard inquisiteur d'Alexandre. Il sondait mon état d'esprit, et pour être honnête, je faisais la même chose, partagée entre ma conscience professionnelle et le souvenir agréable de ses lèvres sur les miennes.

— Que vous me craigniez me surprend, avouai-je amusée. Ce qu'il s'est passé samedi soir ne m'empêche pas d'être professionnelle au bureau.

— Ça, je le sais. C'est la partie plus personnelle de notre relation que je redoutais. La partie où vous me demandez des explications.

Charlie apporta nos assiettes, remplies d'un hamburger dégoulinant de graisse et de frites dorées et trop brillantes. Je m'humectai les lèvres, ravie de mon plat.

— Alors, ai-je eu raison ? s'inquiéta-t-il alors que je fixais l'assiette avec gourmandise.

— Je ne vais pas mentir et vous faire croire que je grignote des carottes au petit déjeuner. C'est parfait ! m'exclamai-je.

Pendant quelques instants, un silence confortable s'installa et je dévorai une partie de mon repas. Tout était délicieux et c'est seulement quand je surpris Alexandre qui se retenait de rire que je réalisai que j'avais perdu tout contrôle.

— Je sais, je sais, admis-je, ce n'est pas forcément ce à quoi on s'attend quand on dîne avec une femme, soufflai-je en m'essuyant les mains avec ma serviette.

— Je m'attends à tout avec vous, contra-t-il. Vous êtes toujours... à contre-courant.

— Etes-vous en train de dire que je suis bizarre ? m'étonnai-je en m'essuyant les lèvres.

— Je ne me permettrais pas de juger. Je suis au courant de certaines rumeurs à mon sujet, je n'ose pas imaginer l'image que vous avez de moi.

— Vous ne vous souciez pas de votre image, annonçai-je, sûre de moi. Rien que ce restaurant en est la preuve. En revanche, je contesterai officiellement l'information sur votre voiture.

Il avala à toute vitesse la bouchée qu'il mastiquait et but un peu de son vin. Les coudes calés sur la table, il fit reposer son menton dans le creux de sa main. J'eus un léger mouvement de recul, réalisant que j'avais peut-être été un peu trop détendue. Ou alors était-ce encore cet effet monstre que son regard avait sur moi ? J'étais à nu, haletante, à sa merci.

— Je n'ai jamais eu de voiture. Ma mère s'en désespère d'ailleurs.

— Votre mère est un sujet récurrent, remarquai-je.

— Uniquement avec vous. Y a-t-il toujours cette rumeur concernant ma vie privée ? s'enquit-il en mangeant une frite.

— Celle qui dit que vous êtes polygame ?

— Polygame ? s'étouffa-t-il. Dieu du ciel, je ne suis absolument pas polygame. Ni gay, mais ça, vous devez vous en douter.

Son regard changea, tout aussi vite que l'atmosphère entre lui et moi. Il y avait une certaine facilité à parler de sujets légers et à en plaisanter. Mais maintenant, nous atteignions les limites de notre relation actuelle. Jusqu'où voulait-il aller ?

— Alexandre, au sujet de ce que vous avez dit hier soir…

— Rien n'a changé, Sarah. Je vous veux toujours. Peut-être même encore plus maintenant, assura-t-il.

— Ce n'est pas… Disons que peut-être ne devrions-nous pas tout mélanger.

— Je ne tiens pas à me séparer de vous, Sarah. Toutefois, si cela peut vous faire changer d'avis, je n'hésiterai pas un instant.

— Agissez-vous comme ça avec tout le monde ?

— Comment ?

— En despote ?

— Les despotes obtiennent toujours ce qu'ils veulent.

— Mais pour combien de temps ? exhalai-je, un peu paniquée.

Il releva le nez de son assiette et sembla enfin comprendre où je voulais en venir. Il fronça les sourcils, apparemment interloqué par mon raisonnement, avant de poser sa main sur la table, effleurant le bout de mes doigts. De toute évidence, Alexandre recherchait mes limites. Un peu surprise, je constatai que mon corps réagissait plus vite que ma tête. Etre effleurée ainsi, en public, mais avec la sensation étrange d'être seule au monde était grisant.

— Autant de temps que vous le souhaiterez, murmura-t-il. Mais je dois admettre que depuis que je vous ai embrassée samedi soir je songe à réitérer cette expérience…

— Oh ! dis-je en rougissant.

— Plusieurs fois, si possible, ajouta-t-il en caressant du bout de son index le mien.

Son geste dura quelques secondes pendant lesquelles je sentis un frisson agréable parcourir mon corps. Sa proposition était loin d'être déplaisante. Mais, quelque part dans ma tête, les termes de mon contrat avec lui, alliés à une forme inédite de conscience professionnelle, prirent le dessus.

— Je ne suis pas sûre d'être capable de dissocier ma vie. Je…

Il écarta sa main et reprit son repas. Le silence confortable laissa place à une gêne glacée. Avoir une relation avec Alexandre était loin de ce que j'avais imaginé en prenant ce poste. Je tenais à mon travail, je n'étais définitivement pas prête à tout risquer pour lui.

— Ecoutez, je ne voulais pas…

— Je comprends, me coupa-t-il, un peu sèchement. D'ailleurs, je me doutais de votre réponse.

— Vous êtes tellement… perturbant, m'exclamai-je, sur la défensive. Vous me faites muter du jour au lendemain, me mettez en garde contre Nicolas, me traînez à un dîner samedi... Il y a encore une semaine, vous ne m'aviez jamais adressé la parole!

— Coupable..., murmura-t-il.

Quand il releva les yeux vers moi, j'eus la sensation de prendre un coup dans l'estomac. Il semblait blessé, presque triste. Pourtant, il avait toujours ce regard brûlant qui me clouait à ma chaise. Je cherchai à dire quelque chose, mais tout restait coincé dans le fond de ma gorge.

— Est-ce pour ça que je travaille pour vous? l'interrogeai-je à voix basse.

— Dit comme ça, ça n'a rien d'élégant, mais, oui, vous me plaisiez, avoua-t-il dans un soupir défait.

— Je... Je vous plaisais? hoquetai-je.

— En fait, je vous observais..., admit-il. Bon sang, voilà maintenant que je passe pour un harceleur! se lamenta-t-il. Savez-vous que vous avez un tic avec vos cheveux? Vous passez votre temps à ramener votre chevelure sur l'épaule pour la repousser ensuite.

Je le fixai, éberluée. Qu'Alexandre veuille une relation avec moi était déjà difficilement admissible. Mais qu'il m'ait observée — traquée? — pendant un moment rendait la chose encore plus surréaliste.

— Plusieurs fois, j'ai voulu vous inviter à dîner. Mais vu les rumeurs à mon sujet... je ne voulais pas vous embarquer là-dedans.

— Est-ce que… est-ce que vous me suiviez au bar avec… Mona ? articulai-je péniblement.

— Non. Bien sûr que non ! Juste au travail, sourit-il. Vous voyez, vous le refaites.

Je figeai mon geste, réalisant que mes cheveux reposaient sur mon épaule et que je m'apprêtais à les repousser. Il avait raison, j'avais un tic. Surprenant. Je rabaissai finalement ma main et tentai de reprendre le fil de la conversation.

— Je savais que Chiara était imbuvable avec vous. J'ai demandé à Nicolas de trouver une solution.

— Et vous êtes devenu la solution ?

— Pas tout à fait. Nicolas voulait vous prendre à son service. Ce qui, pour moi, était inacceptable. Je savais qu'il avait des vues sur vous.

— Donc, vous… vous avez licencié votre assistante pour…

— Licencié ? Je ne suis pas cruel, Sarah. J'ai proposé à Lisa un poste dans une de nos succursales ! Ensuite, j'ai dit à Nicolas que je vous voulais.

— Et vous m'avez eue, soufflai-je, épatée par son esprit manipulateur. Dois-je être reconnaissante ?

— C'est plutôt à moi de l'être. J'aime travailler avec vous. Et vous observer en train de jouer avec vos cheveux. Mais je veux plus.

— Plus ? répétai-je, la gorge sèche.

— Comme... comme samedi soir. En mieux.

J'étouffai un rire, toujours partagée entre la stupéfaction et l'horreur. Alexandre avait cessé de manger et me fixait, attendant le verdict. En jouant franc-jeu, il avait pris un risque : soit je partais immédiatement et mettais fin à nos deux étranges relations ; soit je restais et je lui donnais une chance.

— Je crois que j'ai besoin de temps pour assimiler tout ça, soufflai-je.

— Pas trop, j'espère, murmura-t-il.

— Vous êtes beaucoup trop exigeant ! le réprimandai-je.

— Vous dites cela parce que vous n'avez pas idée du contrôle qu'il me faut pour me retenir de vous toucher en ce moment même. Surtout vos cheveux, précisa-t-il en faisant naviguer son regard sur mon épaule.

Ma gorge se serra tandis que je ressassais l'histoire de ma mutation auprès du président qu'il était. Les yeux rivés sur la nappe, je trouvais ça surréaliste. Comment un homme comme lui, plutôt séduisant, en était-il arrivé à monter un tel plan pour m'attirer dans ses filets ?

— Vous êtes un vrai paradoxe, dis-je soudain en piochant dans mes frites. Vous avez œuvré contre Nicolas parce que vous saviez que je lui plaisais alors que votre objectif était le même.

— Privilège du patron, sourit Alexandre.

Par ailleurs, j'ai envie de croire qu'en termes de relations humaines je suis plus élégant que Nicolas.

— Souhaitez-vous que je vous rappelle l'épisode du « je ne vous paye pas pour penser », sifflai-je, amère.

— Décidément, je suis coupable sur toute la ligne ce soir. Sarah, vous n'avez aucune idée de... Ma colère n'était qu'un exutoire malheureux.

— Pas des plus agréables, lui fis-je remarquer. Surtout après m'avoir reproché mon excès de gratitude.

— Comprenez-moi, Sarah, vous passiez votre temps à me remercier alors que j'avais tout fait pour vous faire venir à moi. Mes raisons étaient loin d'être professionnelles. Par ailleurs, votre « histoire » avec Nicolas me rendait dingue.

— Mais...

— Désirez-vous un dessert ? me coupa-t-il.

— Ça ira, merci, soufflai-je, perturbée par le changement d'ambiance.

Alexandre fit un signe de tête presque imperceptible et Charlie déboula pour nous retirer nos assiettes. Je posai ma serviette sur la table, prise dans le tourbillon des révélations d'Alexandre.

— Je vous l'ai dit, Sarah, je suis très exigeant. Et à votre sujet aussi. Je suis aussi particulièrement buté, ma mère pourrait vous en parler, précisa-t-il dans un sourire. Mais je refuse d'agir comme Nicolas et de vous forcer la main.

— Je note l'ironie de cette remarque, contrai-je.

— J'ai cru que travailler avec vous me suffirait. Mais... quand je suis venu vous chercher samedi soir chez vous, j'ai réalisé à quel point je me mentais. C'est en partie pour cela que je ne suis pas allé plus loin.

Alexandre se pencha légèrement au-dessus de la table, un air conspirateur sur le visage. Il me fit signe d'approcher, ce que je fis après une courte hésitation. Son souffle effleura ma peau, me tétanisant un peu plus.

— Je vous veux, Sarah. Et je vous aurai, croyez-moi. Mais si c'est vous qui venez à moi, alors c'est vous qui m'aurez pour de bon.

Ma respiration s'accéléra et je sentis mon cœur battre la chamade. Alexandre passa furtivement son doigt sur mes lèvres, avant de repousser mes cheveux, toujours sur mes épaules, dans mon dos. Je m'accrochai à la table, paralysée par le son de sa voix et la délicieuse vibration qui parcourait mon corps. Quand, finalement, il s'écarta de moi, j'avais les joues en feu. Il me fixa un court instant, satisfait de son effet, avant de glisser un billet sur la table pour régler l'addition.

Je n'avais même pas vu le serveur nous l'apporter.

— Je vous raccompagne, proposa Alexandre en se levant de table.

Avec la sensation d'être en mode « automatique », je le suivis jusqu'à sa moto. Si je pouvais gérer cette avalanche de révélations, c'étaient mes émotions débordantes et imprévues que je ne maîtrisais pas. Je passais sans arrêt de la colère à un désir dévastateur pour finir par la stupéfaction.

— Chez vous, donc ? m'interrogea-t-il.

— Vous cachez très mal votre impatience, lui fis-je remarquer en enfilant mon casque.

— Ce n'est donc pas un « non » ?

— Non, admis-je.

Il me fit un sourire heureux et grimpa sur sa moto. Cette fois, je n'hésitai pas à placer mes mains à hauteur de son estomac. Il démarra et, après qu'il eut accéléré, je me retrouvai propulsée contre lui. Après vingt minutes de route me faisant frémir de la tête aux pieds, nous arrivâmes.

— Merci pour le dîner, soufflai-je après être descendue de la moto.

— J'espère ne pas vous avoir effrayée.

— Je vais faire comme si nous avions eu un dîner normal avec une conversation normale et une relation normale.

— Moi qui espérais justement sortir de l'ordinaire, plaisanta-t-il.

— Oh ! Ça oui, dis-je en m'approchant de lui.

Il baissa les yeux sur moi tandis que je posais ma main sur son torse. Il était tellement perturbant, confiant, presque prétentieux en apparence. Pourtant, je sentis que sa respiration était courte et que ses muscles se tendaient sous ma main. Un sourire flotta sur mes lèvres quand je réalisai que je n'étais pas la seule à risquer quelque chose.

— Mais l'extraordinaire, c'est que vous me vouliez toujours, même après m'avoir vue ingurgiter ce burger.

— Plus que jamais, murmura-t-il, sa main rejoignant la mienne.

— Laissez-moi un peu de temps pour... assimiler tout ça.

Je retirai doucement ma main de la sienne et reculai pour me diriger vers l'entrée de ma résidence. Alexandre opina et, après un dernier signe rapide de la main, je lui tournai le dos pour gagner mon appartement. L'adrénaline de mon voyage à moto commençait à s'estomper. A la place, je sentis un picotement dans le creux de mon ventre. En passant la porte de chez moi, je réalisai que j'avais un sourire gigantesque collé sur les lèvres. Le même sourire que sur la moto.

7

Après m'être retournée des heures dans mon lit, sans trouver le sommeil que j'attendais, je me décidai à me lever. Ma tête bourdonnait, hantée par des idées peu catholiques au sujet d'Alexandre. Le dîner me revenait par bribes, et surtout, mon corps avait gardé le souvenir de sa dernière confidence.

Ma nuit fut blanche, ou presque. Je somnolai plus que je ne dormis réellement. A 7 h 30, lassée de regarder sans vraiment les voir les émissions de téléachat, je décidai d'aller au bureau et d'affronter Alexandre.

— Un cappuccino, je vous prie, commandai-je à la cafétéria en bas de mon bureau.

— La même chose, s'exclama une voix

familière derrière moi. Bonjour, Sarah, souffla la voix d'Alexandre sur ma nuque.

— Bonjour, murmurai-je en me tournant vers lui.

Je jetai un coup d'œil rapide autour de moi, m'assurant qu'aucun de mes collègues ne profiterait de notre échange pour lancer une nouvelle rumeur. J'avisai une table et m'y installai, invitant Alexandre à m'y rejoindre d'un simple regard.

— Bien dormi ? demanda-t-il d'une voix un peu rauque.

— Très peu, à cause de vous.

— Oh… Ce n'est pas ainsi que j'avais imaginé vous empêcher de dormir.

Je m'étouffai dans mon café, pendant que le regard d'Alexandre, empli d'envie et d'un désir évident, plongeait dans le mien. Quand il posa son mug et se lécha doucement les lèvres, j'eus de nouveau cette sensation de picotement dans le ventre.

— Et vous imaginiez quoi ? demandai-je, haletante.

— Quelque chose impliquant la crème fouettée que vous avez juste là, lâcha-t-il, son regard ancré dans le mien alors qu'il passait son pouce au-dessus de ma bouche.

Stupéfaite, je l'observai suçoter son doigt avec un sourire énigmatique. Je repris une gorgée, le souffle court. Alexandre jeta un coup d'œil à sa montre et, d'un trait, termina son cappuccino.

— Allons-y, m'intima-t-il en se levant.

Hypnotisée par son regard et impressionnée par sa hauteur, je ne pris même pas la peine de finir mon café. Je me levai à mon tour et il s'effaça pour me laisser passer. Marchant jusqu'à l'entrée de l'immeuble, je sentis, plus que je ne vis, Alexandre me suivre. Je remarquai que j'étais toujours haletante et sur le qui-vive. Mais il était là. Son pas, sa respiration, son parfum. Mon corps le savait.

Nous nous retrouvâmes devant l'ascenseur, le silence régnant entre lui et moi. Mon cerveau turbinait. Avais-je fait un choix ? Et d'ailleurs, avais-je vraiment le choix ?

— Je vous en prie, proposa Alexandre quand les portes s'ouvrirent.

Quand l'ascenseur se referma, j'eus à peine le temps de reprendre mon souffle qu'Alexandre me plaqua contre la paroi du fond. Il appuya son corps contre le mien et prit mon visage entre ses mains.

— Vous avez raison sur un point, murmura-t-il. Je cache très mal mon impatience.

Et dans la seconde, il fondit sur mes lèvres, sa bouche se plaquant violemment contre la mienne. J'agrippai sa nuque, sentant mes doutes et mes questionnements me déserter tout à fait. Alexandre me coinça entre son corps et la paroi, ses mains quittant mes joues pour descendre lentement le long de mon corps et se saisir de mes hanches.

Sa langue dominait la mienne, puissante et exigeante. Sous ma peau, il me sembla que mes terminaisons nerveuses étaient en train de s'éteindre une à une, mon corps se focalisant uniquement sur le contact entre nos bouches. Quand, finalement, il s'écarta, mes joues brûlaient et j'étais pantelante. Ses mains restèrent sur mes hanches, comme s'il avait besoin de maintenir son empreinte sur ce nouveau territoire.

— Maintenant, tu es à moi, sourit-il, victorieux.

Un gémissement m'échappa et Alexandre déposa un baiser furtif sur mes lèvres. Quand avait-il déjà prononcé ces mots ? Ah oui, lors de la signature de mon contrat.

— Je croyais que c'était l'inverse, ripostai-je en fixant ses lèvres. Que vous... enfin que tu serais à moi.

— Empêche-moi de dormir ce soir et ça sera le cas.

— Pourquoi attendre ce soir ?

Il me fixa avec étonnement, sûrement à cause de mon brutal changement d'humeur. Une fois encore, je réalisai que j'avais été un peu trop rapide et trop suggestive. Il libéra mes mains et mit de l'espace entre nous. Je râlai intérieurement, mon corps s'habituait déjà au sien et réclamait sa dose.

— J'aime ta façon de penser. Très... excitante, souffla-t-il à mon oreille.

J'opinai, sentant la déception me gagner. Il était en train de jouer avec moi et j'avais foncé, comme une idiote.

— Mais... je préfère attendre ce soir, ajouta-t-il un ton plus bas. Crois-moi, je t'empêcherai de dormir tant que tu m'en donneras la chance.

Nous atteignîmes notre étage et Alexandre prit ma main, nous guidant vers nos bureaux respectifs.

— Libère ma soirée. Et surtout, libère la tienne, murmura-t-il, attirant ma main contre ses lèvres pour un dernier baiser.

Rougissante, je gagnai mon bureau, tentant de rassembler mes quelques neurones ayant survécu au séisme. Qu'avais-je fait dans cet ascenseur ?

Techniquement, rien.

Sauf embrasser Alexandre et le laisser mener la barque dans laquelle je venais d'accepter de grimper. En lisant mes mails en attente, je me demandais si j'étais toujours son assistante à ses yeux. Ou juste Sarah. Ou plus.

Je décidai de chasser ce tourbillon de pensées

et de me concentrer sur mes dossiers. Alexandre devait signer un contrat cette semaine et je devais organiser son déplacement en conséquence. Rien de bien compliqué, mais cela m'occuperait l'esprit. Plusieurs fois dans la matinée, je me surpris à tourner la tête en direction du bureau de mon patron.

Et chaque fois, comme s'il le devinait instantanément, son regard noisette s'ancrait dans le mien et j'en oubliais que j'étais au travail, fantasmant allégrement sur ma soirée à venir. Je savais ce qui allait se passer.

Cette idée me tourmenta agréablement jusqu'à la pause déjeuner, où Nicolas se matérialisa devant moi.

— Bonjour, Sarah.

— Bonjour, répondis-je, en espérant garder un ton neutre.

— Je me demandais si je pouvais parler à Alexandre un petit instant. Au sujet des restrictions d'effectifs.

— Il est en ligne, constatai-je rapidement. Je vais voir s'il peut vous recevoir.

Je me levai de mon fauteuil, baissant malgré moi les yeux. Comme la veille, Nicolas m'empêcha de passer. Ravalant ma colère et songeant que mon patron volerait certainement à mon secours en cas de nouveau dérapage, je pliai mes bras sur ma poitrine et pris une profonde inspiration.

— Je suis désolé, murmura Nicolas. Je n'aurais pas dû vous parler ainsi, hier.

— Le sujet est clos. Excusez-moi, je dois aller voir Alexandre.

Il se décala et je traversai le couloir d'un pas ultra-rapide. Toquant à la porte, je passai la tête en m'excusant.

— Nicolas souhaiterait vous voir, monsieur, murmurai-je, alors qu'Alexandre couvrait d'une main son téléphone.

— Gina ? Je te rappelle, chérie. Mon assistante est là, expliqua-t-il à sa correspondante.

Brutalement, je sentis le sang quitter mon visage. « Chérie » ? Non, c'était impossible. Alexandre n'aurait pas fait ça. Ma main se crispa un peu plus sur la poignée, ma gorge s'assécha et, pendant une courte seconde, j'en oubliai ce que je faisais dans son bureau.

— Dites-lui que je vais le recevoir, annonça finalement Alexandre.

— Je... Euh... Oui.

Je retournai à mon siège, laminée. Comment avais-je pu me faire avoir aussi facilement ? Quand Nicolas me demanda si Alexandre était d'accord, je me contentai de hocher la tête, absente et hagarde. Me retrouvant seule, je compris.

Ce pincement dans l'estomac, cette sensation de vide désagréable, l'impression que le sol se fendille sous vos pieds. J'étais jalouse. Atrocement jalouse. Je pensais que je lui plaisais, j'avais cru ses déclarations de la veille et il appelait une autre femme « chérie ».

Profitant de l'entrevue d'Alexandre et de Nicolas, et bien consciente que cela transgressait les règles dictées par mon patron, je m'éclipsai pour prendre ma pause déjeuner. Je croisai furtivement le regard d'Alexandre, fronçant les sourcils en me voyant prendre mon sac. Voilà pourquoi il ne fallait pas entamer de relation avec son supérieur hiérarchique : les pistes se brouillaient et je me retrouvais dans une situation hasardeuse.

Je profitai de ma pause pour réfléchir calmement à la situation. Mais dès que j'arrivais à une conclusion acceptable, je réentendais la voix d'Alexandre, tendre et délicat. « Gina. » « Chérie. » La jalousie avait fait place à la déception, puis à l'amertume.

Une heure plus tard, de retour à mon bureau, je remarquai qu'Alexandre n'était plus là. Sur mon clavier trônait un nouveau gerbera. Mais j'étais trop déçue pour l'apprécier. Il ne pouvait pas jouer comme cela avec moi. Je décidai donc d'écluser mes dossiers au plus vite pour rentrer chez moi. Avec un peu de chance, Alexandre ne réapparaîtrait pas avant la tombée de la nuit.

A mon grand soulagement, mon intuition se

vérifia. A 18 heures, je décidai que ma journée était terminée et éteignis mon ordinateur. Je jetai le gerbera dans la poubelle et me dirigeai vers l'ascenseur. C'est à l'instant où les portes s'ouvrirent que mon karma m'abandonna.

— Sarah, murmura Alexandre, surpris de me voir devant lui.

— Bonne soirée, monsieur, soufflai-je, passant près de lui pour monter dans la petite cabine.

— Sarah, il faut que je vous parle, c'est important, tenta-t-il.

— Parlez à Gina, personnellement, je vais aller prendre un bain et me régaler d'un livre. Comme vous me l'aviez conseillé : j'ai libéré ma soirée.

La bouche d'Alexandre s'ouvrit, puis se referma, me laissant le temps de presser sur le bouton du rez-de-chaussée et de partir.

Dans l'ascenseur, je m'effondrai contre la paroi, réalisant à quel point cette courte confrontation m'avait épuisée. Ou peut-être étaient-ce toutes les pensées nauséabondes que j'avais ressassées tout l'après-midi.

Prendre un bain, lire un bon livre. Evidemment, ce n'était pas aussi sexy qu'une certaine Gina, mais je devrais m'en contenter. En quittant l'immeuble, j'adressai un dernier regard à l'étage d'où, je l'espérais, Alexandre me regardait. C'est là que je sentis une première larme couler.

Mon téléphone vibra dans ma poche. Inutile de regarder de qui l'appel provenait. Je le coupai aussitôt et rentrai à mon appartement dans l'espoir qu'une nuit de sommeil parviendrait à me faire oublier ma déception. En passant le seuil, la lumière de mon répondeur clignotait furieusement. Je l'ignorai aussi et jetai mes affaires sur le canapé.

J'étais parvenue à canaliser mes larmes, ma rage et cette sensation de vide. Pour être honnête, je me détestais plus que je détestais Alexandre. L'idée de m'être fait embobiner était insoutenable. Il m'avait charmée, séduite même. J'avais allégrement franchi les limites du cadre professionnel et, maintenant que je devais revenir en arrière pour retrouver un positionnement utile et neutre, j'avais la sensation d'être coincée. Peut-être devrais-je trouver un autre travail, songeai-je en me déshabillant.

Vêtue de mon peignoir, je déambulai dans mon appartement. J'envisageai vaguement d'appeler Mona pour vider mon sac. Après réflexion, je réalisai qu'elle devait être encore au bureau, à préparer la *Fashion Week* à venir. Je grimaçai et me décidai à allumer la télévision, vautrée sur mon canapé, mes cheveux ramenés en un chignon dans la perspective de mon bain à venir. Je m'arrêtai sur la chaîne d'informations en continu, après avoir aperçu furtivement une photo d'Alexandre.

Mon attention immédiatement captée, je me réinstallai convenablement après avoir augmenté le son. Une journaliste décrivait avec sérieux la fin de l'enquête menée au sein de mon entreprise. Un peu effarée, je tentai de comprendre. Les termes d'« espionnage industriel » revenaient régulièrement et je hoquetai de surprise en voyant Nicolas, menotté, sortir, escorté de policiers, de l'immeuble où je travaillais.

Et si j'en croyais l'encart géant « Live » sur le côté droit, ça se passait en ce moment même. Nicolas avait le visage baissé et fuyait les caméras et les photographes amassés devant le hall.

« L'enquête a révélé le vol de certains documents confidentiels. Ces vols auraient été commis au sein même de l'entreprise, puis les informations auraient été transmises à une entreprise concurrente », reprit la journaliste.

Des images défilaient, révélant l'ampleur du scandale. Nicolas volait des informations et les revendait. Tout cela était ahurissant. Brutalement, mon cerveau se remit en route, assemblant en place les pièces du puzzle.

Combien de fois Nicolas était-il venu à mon bureau ? Combien de fois avait-il vu ce que je faisais ? Il avait regardé sur mon écran, il avait vu mes dossiers. Il m'avait posé des questions, il m'avait interrogée sur Alexandre. Encore aujourd'hui, je l'avais laissé seul dans mon bureau quelques instants pour parler avec lui.

J'eus la sensation de prendre un coup supplémentaire. Si ma déception envers Alexandre était encore forte et bien présente, je réalisais en plus qu'ils s'étaient servis de moi : Nicolas pour voler des informations, Alexandre pour le confondre.

Il savait qu'en le provoquant, qu'en sortant avec moi, cela attiserait sa jalousie. Il savait comment Nicolas se procurait les informations, j'avais été l'appât.

— SARAH, OUVRE-MOI ! hurla soudainement Alexandre à ma porte.

Je me figeai, hagarde. Les événements se bousculaient et j'avais du mal à réaliser que, malgré moi, j'avais été au centre d'un jeu nauséabond entre Alexandre et Nicolas. Etre manipulée pour parvenir aux fins les plus déloyales n'avait rien de flatteur.

— SARAH ! cria de nouveau Alexandre en tambourinant à la porte. J'ai besoin de te parler !

Tremblante, j'éteignis la télévision et me dirigeai vers la porte. L'image d'Alexandre, blême et le souffle court, me parvint via l'œilleton.

J'ouvris doucement la porte, laissant seulement un espace suffisant pour glisser mon visage.

— Sarah, laisse-moi entrer, je...

— J'ai vu les informations, murmurai-je avec amertume.

— C'est justement ce dont je voulais te parler.

— Tu t'es servi de moi, l'accusai-je d'une voix affreusement basse.

Alexandre eut un mouvement de recul, abasourdi. Il passa une main sur son visage, comme s'il réalisait qu'il n'était pas en train de rêver. Son regard perdu retrouva le mien, et il reprit sa place initiale, à proximité de mon visage. Je luttai de mon mieux pour ne pas me laisser submerger par les larmes, par ma colère. Et je luttai encore plus pour ne pas me jeter dans ses bras, ensorcelée par son regard.

— C'est ce que tu penses ? demanda-t-il, blessé.

— C'est ce que je constate. Tu savais qu'il était... malhonnête, et tu as profité de...

— Ce n'est absolument pas ce que tu crois, Sarah. Jamais, jamais, je ne me serais servi de toi pour ça !

— Peut-être devrais-je ajouter cela à la longue liste de tes mensonges ? tentai-je, un peu plus durement.

— Laisse-moi entrer, Sarah. Nous ne pouvons

pas avoir cette conversation sur le pas de la porte.

— Je ne vois pas pourquoi je te ferais cette faveur.

— J'ai toujours un contrat qui te lie à moi, répondit-il.

— Comment oses-tu ? exhalai-je, humiliée.

— S'il te plaît, Sarah, plaida-t-il. J'ai juste besoin de t'expliquer et ensuite… ensuite tu prendras la décision que tu veux. Laisse-moi entrer, juste quelques minutes.

Je soupirai lourdement, pesant le pour et le contre. A vrai dire, j'étais déjà au bout du rouleau, entendre les explications d'Alexandre ne pouvait pas me laminer encore plus. Mon bouclier de méfiance était réapparu dans l'après-midi, et il était assez solide pour me permettre d'affronter ça. Je m'effaçai et laissai Alexandre entrer chez moi. Nerveusement, je refermai un peu plus mon peignoir sur moi et croisai les bras sur ma poitrine.

— Puis-je m'asseoir ? demanda-t-il doucement.

— Je t'en prie, répondis-je en désignant le fauteuil d'un mouvement de tête.

Il s'installa et se voûta légèrement, frottant son visage entre ses mains. A son tour, il soupira lourdement, et quand son regard retrouva le mien, je hoquetai presque. Il semblait hésitant, perdu, même secoué.

— Nicolas a été arrêté, commençai-je pour lancer les hostilités.

— Je sais. Mon avocate m'a prévenu. J'ai été pris de court, je voulais t'en parler, mais la police a préféré agir tout de suite.

— Tu as été pris de court ? ricanai-je. Nous avons dîné ensemble hier, tu avais tout le temps de m'en parler. Tu aurais dû me dire que j'étais là pour... appâter le chaland !

— Tu as raison. C'était bien le but, dit-il avec sincérité.

J'avais eu tort concernant mon bouclier de méfiance. En une phrase, Alexandre venait de m'enfoncer un peu plus dans la déception. Les larmes me montèrent aux yeux, mais par fierté je préférai ne pas m'effondrer devant lui. L'humiliation était déjà assez grande.

— Jusqu'à samedi soir, compléta-t-il. Ce que je t'ai dit hier était vrai, tu me plaisais, je voulais... je ne sais pas, te plaire aussi. Et puis, j'ai réalisé que Nicolas te trouvait beaucoup d'intérêt aussi.

— Et alors quoi ? Tu as trouvé ça suspect ?

— Bien sûr que non, éructa-t-il violemment en se levant. Au contraire... tu n'étais pas... conforme à ses choix habituels. Bon sang, Sarah, tu vaux tellement mieux que lui, mieux que toutes les autres même !

Il se plaça face à moi, sa poitrine se soulevant

spasmodiquement. Je restai sur la défensive, fuyant son regard, qui, je le savais, me ferait assurément flancher.

— Tu as vu Gwen, tu imagines donc le genre de femmes qu'il apprécie : écervelées et agaçantes. Alors oui, quand j'ai vu qu'il te draguait, j'ai finalement compris comment il obtenait ses informations. J'ai su qu'il était en train de se servir de toi.

— Ça n'explique pas pourquoi tu m'as caché la vérité à son sujet.

— Parce que la survie de mon entreprise est plus importante que tout, contra-t-il avec une pointe de colère dans la voix.

Nouvel uppercut, douloureux, mais gérable. Je ravalai une fois de plus mes larmes, me rappelant que garder un peu de dignité devant lui me sauverait peut-être de l'humiliation absolue. Son visage changea soudainement et il ferma les yeux un bref instant, comprenant qu'il m'avait encore blessée.

— *Etait* plus importante que tout, corrigea-t-il d'une voix plus douce.

— C'est humiliant, murmurai-je. J'ai la sensation d'avoir été une marionnette et d'être passée de main en main.

— Sarah, c'était la dernière chose que je voulais. J'admets que j'ai commis une erreur, j'aurais dû t'en parler hier soir. Mais... il fallait attendre que Nicolas se trahisse et c'est exactement ce qu'il a fait ce matin en venant me voir sous un faux prétexte.

— J'aurais pu t'aider, lui fis-je remarquer. J'aurais pu... suivre les clauses de mon contrat. Tu te souviens ? La loyauté envers son supérieur hiérarchique, les informations à communiquer... ce fameux contrat qui me lie à toi. Même si, ce matin, j'avais la sensation qu'autre chose de plus important nous liait ! hurlai-je.

En colère et incapable de me contrôler, je récupérai mon avenant et le lui jetai brutalement. Cette entrevue n'allait mener nulle part...

— C'est vrai, admit-il. J'aurais pu demander à une simple assistante de m'aider, mais je ne voulais pas te le demander à *toi*.

Les nerfs à vif, un éclat de rire s'échappa de ma gorge. C'était *moi* qui comptais maintenant ? Alexandre me fixait sans comprendre, pendant que je ricanais avec amertume. Il osait encore me mener en bateau, il osait me dire que j'étais plus importante que son entreprise. Mon rire se calma finalement.

— Et Gina ? fis-je avec innocence. Encore une que tu n'as pas voulu impliquer ?

— Gina ? Mais que vient faire Gina dans...

— Tu lui as parlé ce matin, au téléphone, le coupai-je sèchement. Tes techniques de drague n'ont rien à envier à celles de ce cher Nicolas, argumentai-je avec détachement.

— Je comprends mieux..., soupira-t-il. Est-ce pour cette raison que tu as quitté le bureau si précipitamment ? demanda-t-il en s'approchant de nouveau de moi.

— J'avais besoin de réfléchir, mentis-je.

Un sourire amusé flotta sur ses lèvres pendant que mon corps se crispait un peu plus. Maintenant qu'il était face à moi, avançant à un rythme lent comme s'il ne voulait pas m'effrayer, j'étais nettement moins sûre de moi et moins sûre de mes réactions instinctives. De nouveau, l'envie de me jeter dans ses bras me vint, mais la vision de mon avenant sur la table basse l'apaisa.

— Sarah, combien de fois devrai-je te le dire ? Il ne faut rien présumer à mon sujet.

— Qui est Gina ? demandai-je.

— Gina est... comme ma sœur à vrai dire. Nous avons été élevés ensemble, enfants. Maintenant, Gina est mon avocate.

Mes jambes se mirent à trembler. Je décroisai les bras de ma poitrine, comprenant que j'avais fait fausse route sur toute la ligne — du moins sur ce sujet. Alexandre se retrouva tout près de moi, son regard navigua sur les traits de mon visage. La colère devait sans nul doute le disputer à l'ahurissement.

— Je suis désolé, Sarah. Je promets que je ne voulais absolument pas te manipuler.

— Je... Euh... Disons que..., balbutiai-je.

Je me sentais idiote maintenant. Idiote d'avoir sauté aux conclusions et d'avoir contribué à mettre en péril le peu de confiance qu'Alexandre et moi parvenions difficilement à construire.

— Et puisqu'on en est aux aveux... Gina a très envie de te rencontrer.

— Tu lui as parlé de moi ?

— Un peu. Beaucoup en fait. Elle a fait en sorte que ton nom n'apparaisse pas dans les rapports. Je voulais vraiment te protéger, Sarah. Je peux admettre être embarqué dans toute cette histoire, mais je n'admettrai pas que toi, tu subisses ça.

Nous restâmes silencieux un moment. Je réfléchissais à toute allure, pas sur ce qu'il venait de me dire, mais sur ma capacité à lui faire confiance malgré tout. Je m'entendis déglutir, tandis qu'Alexandre bougeait légèrement, son corps toujours plus près du mien.

— Est-ce que je peux ? demanda-t-il.

Je risquai un faible sourire, sachant à quel point la réponse à cette question déterminerait le reste de notre relation. Alexandre me fixa, sûr de lui, confiant. J'opinai faiblement, sentant les crispations de mon corps devenir douloureuses. Lentement, il leva la main et défit ma chevelure. Son sourire s'élargit et ses doigts effleurèrent ma joue.

— Maintenant que tu sais tout, tu peux prendre ta décision.

— Tu n'as pas apporté de fleur, exhalai-je, tétanisée par son toucher.

— Je n'ai pas osé massacrer une fois de plus ton parterre. Mais si c'est la seule chose qui...

— Non, non, le coupai-je en posant ma main sur la sienne. Et je ne vais pas faire comme si ma soirée m'offrait quelque chose de mieux, plaisantai-je tout en désignant mon peignoir sur moi.

— Sarah, es-tu en train de faire un choix par défaut entre... ton fameux livre et moi ?

— Peut-être, soufflai-je, le rouge aux joues.

Il sembla méditer quelques secondes sur mon aveu, avant de libérer mon visage et de reculer. Son regard passa sur moi, me détaillant comme si j'étais entièrement nue. Mon rougissement s'accentua, et un sourire satisfait s'étira sur ses lèvres.

— Est-ce que je peux ? demanda-t-il en désignant le nœud qui maintenait mon peignoir.

— Tout dépend. Est-ce que moi, je peux ? l'interrogeai-je à mon tour en attrapant sa cravate.

— Les femmes d'abord, opina-t-il.

— Il faut vraiment que je remercie ta mère,

murmurai-je en me redressant sur la pointe des pieds pour desserrer le nœud.

— Evitons de parler de ma mère ce soir. Ce que j'ai en tête ne lui plairait certainement pas.

Ses mains saisirent la ceinture de mon peignoir et la dénouèrent rapidement. Ses paumes chaudes agrippèrent mes hanches et il remonta le long de mes flancs, effleurant mes seins, pour dénuder mes épaules. L'instant suivant, j'étais nue devant lui. Son sourire satisfait réapparut et il se pencha sur moi, sa bouche avide couvrant soudain la mienne.

Mes lèvres soudées aux siennes, je parvins à lui retirer sa cravate, avant de défaire lentement les boutons de sa chemise. Je passai ma main sur ses pectoraux, sentant une légère pilosité me chatouiller quand il fut totalement torse nu.

— Ta chambre ? demanda-t-il, haletant.

— Au bout du couloir, répondis-je, hors d'haleine moi aussi.

Il reprit mes lèvres, m'entraînant avec lui dans la direction que je lui avais indiquée. Mais très vite son baiser devint plus ardent, plus exigeant et il me plaqua contre un des murs.

— Trop loin, expliqua-t-il, son regard fiévreux plongeant dans le mien.

Dans la seconde, il me souleva et ses mains saisirent mes cuisses pour m'aider à me maintenir. Ses lèvres glissèrent de ma bouche à ma gorge, pour ensuite capturer la pointe de mon sein. Le cœur en feu, je basculai la tête en arrière, me heurtant presque douloureusement au mur.

Quelques minutes plus tard, nous avions glissé au sol et le corps nu et chaud d'Alexandre recouvrait le mien.

8

Le lendemain matin, je me réveillai en sursaut, nue dans mon lit. A en juger par l'état des draps, je n'avais pas dormi seule. Je ne me souvenais pas exactement comment nous étions arrivés ici, mais mes lèvres étaient gonflées et presque gercées, la peau de mon cou me piquait et mes cheveux étaient dans un état apocalyptique.

— Bonjour, murmura Alexandre en entrant dans ma chambre, vêtu de son pantalon de la veille.

— Bonjour, répliquai-je, ramenant le drap contre moi dans un élan d'embarras persistant.

Il me tendit un gerbera, un sourire gigantesque sur les lèvres. Je ne pus retenir celui, tout aussi monumental, qui soulevait mes lèvres. Je récupérai la fleur, lançant un regard soupçonneux à mon amant, tout en faisant rouler la tige entre mon pouce et mon index.

— Je jure que je n'ai pas vandalisé ton parterre, promit-il en s'asseyant près de moi.

— J'espère bien.

— Je dois aller travailler, annonça-t-il en repoussant les cheveux qui masquaient partiellement mon visage.

— Moi aussi, dis-je en vérifiant l'heure sur mon réveil. Et mon patron est tyrannique !

— Mon assistante est imbuvable. Son café a intérêt d'être sacrément serré ce matin, car mon corps manque cruellement de repos.

— La faute à qui ? l'interrogeai-je, malicieuse.

Pour toute réponse, il posa ses lèvres sur les miennes dans un baiser tendre et presque chaste. Je l'entraînai avec moi, son corps couvrant le mien, pendant que ses mains tentaient de repousser le drap entre nous.

— Est-ce que ta soirée est libre ? murmura-t-il, en rivant ses yeux dans les miens.

— Tout dépend de mon patron, tyrannique, comme je te l'ai dit.

— Je vais lui parler et lui demander d'être plus... tendre avec toi.

Sa main droite caressa ma joue, puis descendit lentement sur mon épaule, puis sur mon sein. Un gémissement sonore m'échappa et je soulevai les hanches en espérant prolonger notre nuit. En réponse, Alexandre plaqua son corps au mien et reprit mes lèvres entre les siennes.

— Et maintenant ? l'interrogeai-je en passant mon index sur la ligne de sa mâchoire.

— Maintenant, je vais essayer de me contrôler pour ne pas te faire des choses inavouables sur mon bureau.

— Et sous le bureau ? m'enquis-je, décomplexée.

— Toujours aussi surprenante. J'admets, reprit-il après un court silence, que la chose peut paraître inconfortable. Mais si tu le souhaites, je peux tout à fait te trouver une place...

— Es-tu en train d'essayer de me virer ? le coupai-je, ma main couvrant sa bouche.

— Je le ferai si ça peut t'aider à te sentir plus à l'aise, répondit-il en repoussant mes doigts après les avoir furtivement embrassés.

— Est-ce que j'ai l'air mal à l'aise ? Je ne veux pas quitter ce boulot. Je ne veux pas que tu prennes une autre assistante.

— J'oubliais cette propension à la jalousie chez toi, s'amusa-t-il.

— Je ne suis pas jalouse ! m'offusquai-je.

— Non ? Et Gina ?

Il étouffa un rire pendant que je cherchais une explication rationnelle à lui offrir. Certes, j'étais jalouse. Et pour rien au monde, je ne voulais qu'une autre femme lui apporte son café, prenne soin de son agenda et mette le nez dans sa vie.

— Ta jalousie est adorable. Je la prends comme un compliment. De toute façon, ton contrat m'empêche de te virer.

— Vraiment ? m'étonnai-je. Mais je croyais que...

— Sarah ! me coupa-t-il brusquement. « Ne rien présumer », rappelle-toi. Par ailleurs, ce contrat a été fait spécialement pour toi. Clauses spécifiques, augmentation salariale... Juste pour toi.

— Je ne veux pas d'un nouveau contrat, dis-je après un court instant de réflexion. Je te veux toi et rien que pour ça, juste pour toi, appuyai-je, je veux le garder.

Il plaqua un baiser sur le bout de mon nez et se redressa. L'air frais frappa mon corps et je m'enroulai dans le drap pour éviter de frissonner. Alexandre quitta mon lit et sortit son téléphone pour le consulter.

— Et je veux être là pour toi... Avec tout ce qu'il va se passer.

— Bien. J'apprécie ton professionnalisme.

— Ce n'est pas du professionnalisme, dis-je doucement. Je veux être là, pour toi. Et pour les hamburgers, complétai-je, en espérant dissiper l'atmosphère étrange qui s'installait.

— L'appel du ventre, se moqua-t-il. Il faut vraiment que j'y aille.

— Offre-moi vingt minutes et je pars avec toi, proposai-je en me levant du lit. Tu es venu à moto ?

Alexandre ne répondit pas, se contentant de me suivre du regard alors que je me baladais devant lui, nue comme un ver. Sans pudeur aucune, je sortis mes vêtements de la journée et me précipitai sous la douche. Derrière moi, j'entendis sa voix tonitruante :

— Et n'attache pas tes cheveux !

Depuis ce jour, ce fut notre rituel. Alexandre était toujours levé en premier. Sa capacité à être du matin n'était pas une légende. Nous arrivions à moto au bureau, mes cheveux détachés, mes mains crochetées autour de sa taille. Les rumeurs avaient cessé rapidement. Nous ne nous cachions pas, mais nous n'avions rien officialisé.

— Sarah, dans mon bureau ! hurla Alexandre, me faisant sursauter sur mon siège.

Je récupérai deux dossiers en attente et mon bloc-notes avant de toquer doucement à la porte de mon patron. La porte s'ouvrit devant moi et je me sentis propulsée en avant. Mon dos heurta le bois du bureau, tandis qu'Alexandre me surplombait, sa main remontant le long de ma cuisse.

— J'ai dix minutes, lança-t-il avec un sourire ravi.

— A peine cinq à vrai dire, vous avez un rendez-vous pour le recrutement de...

Ses lèvres se posèrent sur les miennes pour me faire taire. Ma jupe remonta quasiment jusqu'à la ceinture, autorisant ainsi Alexandre à faire naviguer ses mains sur ma peau.

— Jarretelle, murmura-t-il, appréciateur. Tu fais tout pour me séduire.

— Je reprends vos propres mots, monsieur, dis-je avant d'approcher ma bouche de son oreille : Je suis à vous.

— Peut-être vais-je modifier ton contrat et inclure certaines faveurs... particulières, proposa-t-il en déboutonnant ma veste de tailleur.

Il découvrit un nouvel ensemble de lingerie et passa ses doigts dessus d'un air songeur. Pour une fois, c'était moi qui l'avais surpris.

— C'était pour ce soir, expliquai-je.

— Très joli. Et je ne parle pas que de l'ensemble, ajouta-t-il en relevant les yeux vers moi. Tu es superbe, Sarah. Et tu es à moi, répéta-t-il en repoussant une mèche de mon visage.

Il embrassa ma bouche avec légèreté puis mon cou et la ligne de mes épaules. Repoussant la bretelle de mon sous-vêtement, il libéra mon sein droit de son carcan de soie, avant d'en titiller la pointe avec le bout de sa langue. Je me sentais déjà partir pour un monde meilleur, incluant un bain, du champagne et l'homme qui m'empêchait régulièrement de dormir.

— Libère mon après-midi, souffla-t-il tout en remettant mon sein à sa place.

— Tout l'après-midi ? m'étonnai-je.

— Tout. Et crois-moi, ça ne sera pas suffisant.

Il m'aida à me relever du bureau et, pendant que je refermais ma veste, Alexandre redescendit ma jupe. Je rassemblai mes affaires éparpillées au sol et présentai mes dossiers à Alexandre, qui s'était rassis sur son siège. Seul son sourire trahissait ses pensées, sûrement inconvenantes.

Son sourire et sa main qui caressait mes fesses furtivement.

Trois mois après notre premier dîner, Alexandre m'invitait à L'Olympe. Je rechignai un peu, en ôtant mon casque.

— Dieu du ciel, mais que veux-tu que je mange là-dedans ?

— J'ai vérifié, ils ont des salades et un peu de viande.

— Merci, sifflai-je.

— Pas trop de gratitude, Sarah, me réprimanda-t-il doucement, avec un sourire dévastateur.

— Je te rassure, je n'en ai aucune. Ce restaurant… Bon sang, j'espère que tu as une bonne raison de me traîner ici.

— Deux, en fait, me corrigea-t-il.

Il me guida à l'intérieur du restaurant. L'odeur d'iode me frappa les narines, et je grimaçai quand le maître d'hôtel nous mena à notre table. La main d'Alexandre était dans le bas de mon dos. Je sentis son souffle dans mon cou.

— Je te promets que tout va bien se passer, assura-t-il.

— Ta confiance en toi est époustouflante, le taquinai-je.

— C'est grâce à toi. Du moins, en partie.

Je fronçai les sourcils, sans comprendre. Le maître d'hôtel nous indiqua notre table, un peu à l'écart de la foule. Je me figeai en voyant qu'il ne s'agissait absolument pas d'un dîner en tête à tête.

— Sarah, je te présente ma mère. Maman, voici… Sarah, mon assistante.

— Je suis certaine qu'elle est bien plus que ça, dit la femme devant moi avec un large sourire. Bonsoir, Sarah, me salua-t-elle en tendant sa main vers moi. Mon fils m'a beaucoup parlé de vous, et je crois pouvoir dire qu'il n'a pas uniquement abordé vos qualités professionnelles.

Je rougis immédiatement, tétanisée et bégayant un très vague « enchantée ».

— Tu aurais pu me prévenir, grondai-je à destination d'Alexandre qui me tenait ma chaise.

— C'est vrai, j'aurais pu, souffla-t-il à mon oreille.

— Je présume que tu trouves cela amusant ? râlai-je, en offrant en même temps mon plus beau sourire à sa maman.

— Ne jamais rien présumer à mon sujet, Sarah. Je pensais que c'était un point acquis entre nous.

Il déposa un baiser furtif sur mon épaule et s'installa près de moi. Pour me rassurer, sa main retrouva immédiatement la mienne et il lança la conversation avec sa mère.

Ce n'est qu'en rentrant chez moi que je sentis le poids des efforts faits, lors de ce dîner, retomber de mes épaules. J'étais épuisée d'avoir donné le change, mes joues me faisaient mal d'avoir trop souri. J'avais acquiescé à tout, adhéré à toutes les conversations. Sa mère était charmante, je devais l'admettre, mais elle couvait son fils d'un regard un peu trop protecteur à mon goût.

— Elle t'adore, m'assura Alexandre en entrant à ma suite dans l'appartement.

— Elle peut ! dis-je, un peu de mauvaise humeur. Pardon, ce n'est pas ce que je voulais dire...

— Je sais, je sais.

Il m'entoura de ses bras, calant mon dos contre son torse. Il me berça ainsi quelques instants, pendant que je fermais les yeux. Il repoussa mes cheveux sur une épaule et cala sa tête dans le creux de mon cou.

— Comment pourrait-elle ne pas t'aimer ? demanda-t-il d'une voix chaude.

— A ses yeux, je suis une voleuse de fils, non ?

— A ses yeux, tu me rends heureux. Et tu l'as épatée sur le chocolat noir, c'était une question piège ! souligna-t-il.

— Certes, admis-je. La prochaine fois, préviens-moi, d'accord ?

— La prochaine fois qu'elle vient ? m'interrogea-t-il en me faisant pivoter pour que je lui fisse face.

— La prochaine fois que tu veux me faire une surprise. Je ne gère pas bien les moments... non préparés. Je suis très angoissée par tout ça et...

Alexandre me fit taire en posant ses lèvres sur les miennes, m'offrant un baiser tendre. Il resserra ses bras autour de moi, son corps épousant parfaitement le mien. Je sentis un frisson cavaler le long de mon échine, tandis qu'un gémissement traître s'échappait de ma gorge. Quand nos bouches se séparèrent, je haletais. Ce baiser n'avait rien de commun avec tous ceux — et il y en avait eu — que nous avions échangés.

— Comment pourrait-elle ne pas t'aimer ? répéta-t-il, ses yeux plongés dans les miens.

Même dans la pénombre, avec le seul éclairage de la petite lampe qui trônait dans mon salon, son regard fiévreux asséCha immédiatement ma gorge. Je savais ce qui allait suivre. Il avait cette lueur dans les yeux. Cette même lueur que je surprenais quand il m'observait à mon bureau, cette même lueur qui éclairait son regard quand je lui apportais son café, cette même lueur qui illuminait son visage quand je l'embrassais, sans raison, juste parce que j'avais envie de sentir ses lèvres sur les miennes.

— Je t'aime, murmura-t-il doucement, comme s'il pesait chacun de ses mots.

Bouche bée, je le fixai. Techniquement, j'aurais dû répondre la même chose. J'aurais dû être heureuse. Mais j'étais stupéfaite. Ses traits se figèrent à leur tour, ses mâchoires se crispèrent et il me sembla que la fatigue, alliée à l'inquiétude, gagna son visage.

— Dis quelque chose, m'intima-t-il inquiet, alors que j'étais en train de blêmir.

— Je... je t'aime aussi, marmottai-je, sentant mon cœur bondir dans ma poitrine.

— Sarah...

— Non. Je t'aime, répétai-je plus sûre de moi. Vraiment. Je... Et même quand tu me fais ce genre de choses, râlai-je, les larmes aux yeux. Je t'aime.

Il me serra contre lui, me répétant à son tour qu'il m'aimait aussi. Quand il s'écarta, les larmes ne me menaçaient plus. Alexandre sourit largement et prit mon visage en coupe.

— Ta chambre, c'est bien au fond du couloir, c'est ça ? plaisanta-t-il.

— Comme si tu ne le savais pas !

D'un geste vif, Alexandre me fit basculer sur son épaule et traversa l'appartement en direction de ma chambre. Je battis des pieds, hilare et soulagée de lui avoir avoué ce que je ressentais pour lui. Quand il me reposa au sol, je découvris un nouveau gerbera, niché entre mes deux oreillers. J'offris un sourire à Alexandre, les yeux encore pétillants de nos déclarations d'amour communes dans le salon.

— Merci, soufflai-je, en entourant sa nuque de mes mains.

— Encore un excès de gratitude... Je vais faire comme si je n'avais rien entendu.

*
* *

Plus tard, bien plus tard, dans l'obscurité de la pièce et pendant qu'Alexandre dormait paisiblement, je me promis d'être, encore et toujours, pleine de gratitude concernant ma mutation.

Une nuit dans tes étoiles

— Je n'en ai aucune idée, Erik. Vraiment aucune, ajoutai-je en allant et venant nerveusement dans le luxueux salon d'attente des premières classes.

— Même pas une prévision ?

— Tu as vu les infos, non ? C'est vraiment une grosse tempête ici.

Je relevai les yeux vers la grande baie vitrée qui donnait sur le tarmac de l'aéroport de Chicago. La vue des avions valsant le long des pistes était un spectacle familier ; ce qui l'était moins, c'était la tempête de neige effrayante qui paralysait tout l'Est du pays. J'avais décollé ce matin très tôt d'Atlanta pour rejoindre New York et passer une soirée de Saint-Valentin ultra-romantique avec vue sur l'Empire State

Building. Désormais, ce beau projet était enterré sous un amas de neige et de congères.

— J'ai vu, oui. J'espère juste que tu pourras être avec nous pour le week-end, soupira mon frère.

Une pointe de culpabilité me piqua le creux de l'estomac. Depuis la fin de mes études — soit environ trois ans —, je n'avais pas vraiment eu l'occasion de passer du temps à la maison, en famille, dans le Vermont. Il y avait toujours un déplacement, un rendez-vous, un impératif. J'étais parvenue à sauvegarder ce week-end de la mi-février au prix de nombreuses soirées au bureau et d'interminables réunions. Et maintenant, ce blizzard à lui seul anéantissait tous mes efforts.

Au-delà de mon énervement face à cette profonde injustice, je me sentais surtout impuissante. La neige recouvrait les sols d'au moins dix bons centimètres et le peu d'avions ayant l'autorisation de décoller se dirigeaient uniquement vers le sud du pays. J'avais déjà été reprogrammée deux fois. Les flocons s'abattaient violemment et en continu, j'étais donc certaine de l'être une troisième fois.

— Je te rappelle dès que j'en sais plus, soufflai-je en voyant les flocons de neige s'abattre de plus en plus vite contre la vitre.

— OK, je vais prévenir papa. Je viendrai te récupérer à l'aéroport.

— Si j'y arrive un jour, grommelai-je, résignée.

J'entendis Erik soupirer à son tour. Même lui, pourtant généralement d'une joyeuse humeur, se laissait contaminer par mon défaitisme.

— Tu devrais l'appeler, murmura-t-il soudain.

Je me pinçai les lèvres et ravalai la boule d'angoisse qui s'était instantanément formée à ces mots : je savais très exactement de qui Erik parlait.

— Erik, je t'aime beaucoup mais ça ne te regarde pas.

Ma bouche s'assécha brutalement, le souvenir de ma dernière discussion avec Jim me revenant amèrement à la mémoire. La violence de ses mots, ses poings serrés, cette lueur de rage dans le regard... Pour la première fois depuis que nous étions en couple, j'avais ressenti la peur. Le dîner de Saint-Valentin de ce soir devait marquer un nouveau départ : une nouvelle affectation durable, avec moins de déplacements pour moi ; une véritable vie de couple pour lui. Cette mutation à New York était inespérée et me rapprochait, par ailleurs, de ma famille ; j'avais donc sauté sur l'occasion.

— Je lui parlerai plus tard, quand je serai

enfin arrivée, lâchai-je finalement. Je dois dîner avec lui, normalement.

— Et tout recommencer ?

— Je ne veux pas en parler avec toi, le coupai-je vivement. C'était peut-être ton ami, mais ça ne te donne pas le droit d'interférer.

— Anna, admets que tu ne tiens pas tes promesses sur ce coup !

— Je te tiens au courant pour mon vol. A plus tard, Erik.

Je coupai brutalement la communication, avant de m'asseoir dans un des sièges en cuir. Immédiatement, un serveur vint m'offrir un expresso, que je refusai poliment. Je passai une main sur mon visage, la fatigue que je cumulais depuis plusieurs semaines se faisant sentir. Parler de Jim, penser à lui, parfois même lui envoyer des messages, provoquaient invariablement un début de migraine.

Je secouai la tête et sortis de ma torpeur en entendant l'hôtesse, dans le salon, annoncer la fermeture totale de l'aéroport. Parfait ! Cette journée ne pouvait guère être pire. Je repris mon portable et fis rapidement une réservation au Hilton de l'aéroport.

Ma petite valise trolley à la main, je me décidai à quitter le salon pour tenter de trouver quelque chose à grignoter. Avec l'annonce de la fermeture, toutes les boutiques allaient bientôt être prises d'assaut : je pressai le pas pour dénicher quelques provisions.

Je me dirigeai vers une des premières boutiques sur ma droite. Au fond du magasin, je parcourus des yeux les quotidiens dans le but d'y trouver le *Post*. Evidemment, il était tout en haut du rayon. Alors que, sur la pointe des pieds, je luttais pour l'attraper, je fus soudain percutée à hauteur des genoux.

— Elizabeth ! hurla une voix masculine.

Je vacillai sur mes jambes, me retenant maladroitement au rayon devant moi, avant de baisser les yeux vers le sol.

— Je suis absolument désolé, ajouta la voix sur ma droite. Elizabeth, excuse-toi immédiatement ! gronda-t-il fermement.

A mes pieds, je découvris une petite fille apeurée, aux grands yeux bleus écarquillés.

— Ce n'est rien, dis-je rapidement, en relâchant le meuble.

— Ce n'est pas rien, elle aurait pu vous blesser. Elizabeth, s'il te plaît, présente tes excuses. Maintenant, précisa-t-il, avec autorité.

— Pardon, madame, murmura-t-elle à voix basse.

— Je t'ai déjà dit que je ne voulais pas que tu coures dans les magasins, reprit l'homme.

Lentement, la petite fille se redressa. Elle portait une robe rouge vif, ornée d'une bordure en tulle. Ses longs cheveux étaient maintenus dans une queue-de-cheval. Je ne lui donnais pas plus de cinq ans. Elle alla se réfugier derrière les jambes de l'homme que je supposais être son père. Son corps gracile disparut et je la vis pencher furtivement la tête pour me regarder. Je lui lançai un petit sourire réconfortant, avant de voir qu'elle calait sa main dans celle de mon vis-à-vis.

— Je vous prie d'excuser ma fille, reprit-il. Nous sommes ici depuis trois heures, ça devient difficile à supporter pour elle.

— Aucun souci, je vous assure. Je comprends que la situation n'aide pas.

— En effet. Liz, est-ce que tu veux un livre ? lui proposa-t-il en penchant la tête vers elle.

Elle opina doucement en me regardant à la dérobée, encore intimidée par ma présence. De nouveau, je lui fis un petit sourire, auquel elle répondit avec malice. Elle relâcha la main de son père et se dirigea vers la presse pour enfants, son doudou serré fermement dans une de ses mains.

— Et un seul livre, la prévint son père avec un sourire attendri.

Sa veste, qu'il avait enroulée sur son avant-bras, glissa légèrement, le rappelant à la réalité ; il la rattrapa vivement.

— Elle adore les livres, expliqua-t-il, son regard naviguant de moi à sa fille.

— J'adorais ça aussi quand j'étais petite.

Machinalement, mon regard suivit le sien, et je me retrouvai à fixer cette petite fille brune qui plissait des yeux devant l'étal de livres pour enfants. Soudain, son visage s'éclaira et elle se saisit d'un album, un sourire géant sur les lèvres. Je souris à mon tour, réalisant que j'éprouvais la même fascination à son âge.

— Je crois qu'elle a trouvé son bonheur, commentai-je.

Sans plus attendre, elle s'assit à même le sol, en tailleur. Elle posa son doudou entre ses jambes, ouvrit son livre et commença à le feuilleter avec précaution. Je reportai mon attention sur l'homme face à moi.

Il regardait toujours sa fille, un sourire doux flottant sur ses lèvres. Je remarquai alors leur ressemblance, quelque chose dans la couleur de cheveux et dans ce demi-sourire un peu hésitant.

— J'espère que votre attente ne sera pas trop longue, dis-je finalement en repliant mon journal.

— J'espère aussi. Encore désolé pour ce... télescopage, lança-t-il, une ombre de gêne voilant son regard lumineux.

Je levai maladroitement la main pour lui signifier à la fois la fin de notre conversation et l'inutilité de ses excuses avant de me diriger sur la gauche pour acheter une bouteille d'eau. Derrière moi, j'entendis la voix de l'homme parler doucement à sa fille, lui rappelant de ne pas courir dans les magasins.

— C'est celui-ci que tu veux ? demanda-t-il doucement.

— Oui, papa.

Je ne résistai pas à l'envie de les regarder de nouveau. L'homme était accroupi auprès d'elle, lui caressant affectueusement les cheveux. Elizabeth tournait les pages de son livre, absorbée par ce qu'elle voyait. L'homme me surprit dans ma contemplation, son regard vrillant le mien. Aussitôt, je baissai les yeux, presque honteuse, et sentis mes joues chauffer instantanément. Je concentrai mon attention sur les bouteilles d'eau alignées devant moi, avant de me saisir de l'une d'elles et de fuir vers un autre rayon.

Après avoir arpenté toute la petite boutique, j'avais non seulement de l'eau et mon journal, mais aussi un sandwich au thon et une salade de fruits. Alors que je me dirigeais vers la caisse, je songeai que je devais rappeler mon frère, au moins pour lui dire que je ne serais pas sur New York avant le lendemain matin.

— L'aéroport est fermé, soupirai-je en l'entendant décrocher.

— J'ai vu. JFK est fermé aussi, si ça peut te consoler. Tu vas pouvoir avoir une chambre ?

— Vu mon métier, j'espère bien.

— Et pour Jim ?

— Je l'appellerai, Erik, abdiquai-je. Je l'appellerai, c'est promis.

— Vous n'allez pas rompre au moins ? demanda-t-il avec inquiétude.

J'étouffai un rire en secouant la tête. Mon frère était tellement fleur bleue parfois que ça frisait le ridicule.

— Erik, les gens ne rompent pas après une simple dispute. C'est juste un malentendu. Et dans le pire des cas, on se partagera ta garde.

— Très drôle ! grogna-t-il. Tu es horripilante quand tu t'y mets.

— Pas autant que toi. Je te tiens au courant pour demain, embrasse papa pour moi.

— Et ne te soûle pas avec le minibar ! rigola-t-il. A demain, sœurette.

— A demain, Erik. Promis, je serai à la maison.

Je coupai la conversation avec un petit sourire. Je savais pourquoi Erik ne voulait pas que je rompe avec Jim : il ne voulait pas se retrouver à devoir choisir entre lui et moi, entre sa sœur et son meilleur ami. Je ne voulais pas rompre avec Jim, j'espérais simplement qu'il avait compris qu'il était allé trop loin la dernière fois.

— Papa dit toujours qu'on doit faire des promesses que si on est sûr de les tenir, lança une voix près de moi.

— Elizabeth ! la gronda son père, visiblement gêné.

— Ton papa a raison. Et je suis certaine de pouvoir tenir cette promesse, assurai-je à la petite fille.

— Arrête d'ennuyer la dame, chérie, lui intima son père.

— Elle ne m'ennuie pas du tout, balayai-je rapidement. Qu'as-tu pris comme livre ?

— *Winnie l'Ourson*, s'enthousiasma-t-elle en brandissant son livre devant moi. Est-ce que tu aimes *Winnie l'Ourson* ?

— Tu veux que je te dise un secret ? soufflai-je, conspiratrice.

Elle hocha la tête, ses grands yeux s'écarquillant de nouveau, pleins de curiosité. Je m'accroupis à sa hauteur et, de l'index, lui fis signe d'approcher. Tout doucement, elle avança vers moi, serrant son doudou contre son cœur, tel un bouclier.

— *Winnie l'Ourson* est mon préféré, avouai-je tout bas en hochant la tête.

— Vous allez devenir sa nouvelle meilleure amie, commenta son père avec une pointe de moquerie.

Je me relevai pendant qu'Elizabeth retournait

à côté de son père. Il planta son regard dans le mien et, pendant un bref instant, il me sembla que mon corps se pétrifiait. Comme s'il sondait le fond de mon âme. Ce n'est qu'en entendant la caissière m'interpeller que mon corps se remit en marche.

Je réglai mes achats et pris le sac que la jeune employée me tendait.

— Bonne fin de voyage, lançai-je à l'homme.

— Dis au revoir, Elizabeth, demanda-t-il à sa fille doucement.

— Au revoir, madame, dit-elle avec un grand sourire.

— Au revoir, mademoiselle, reprit l'homme devant moi, en me tendant sa main.

Un peu surprise, j'eus une seconde d'arrêt, avant de prendre sa main dans la mienne. Il la serra fermement, son regard plongé dans le mien, la chaleur de sa paume un peu rêche se diffusant agréablement dans la mienne. Quand il me libéra, j'eus de nouveau cette sensation d'engourdissement. Mais très vite l'homme fut à son tour interpellé par la caissière et le fourmillement diffus dans mon corps se dissipa.

Je quittai la boutique un peu sonnée, comme si je venais de me réveiller d'une bonne et longue nuit de sommeil. Je me dirigeai, chancelante, vers le lounge de la classe affaires. Je grimaçai à la perspective d'éplucher mes derniers mails, songeant que dormir, me vider la tête de mon travail et de Jim étaient des alternatives bien plus sympathiques.

Je m'arrêtai net, un sourire flottant sur mes lèvres. Prendre un café, voilà ce qui me faisait envie.

Et pourquoi pas avec...

Je fis demi-tour, espérant pouvoir les retrouver au milieu de la foule.

— Tu me donnes la main, chérie, et tu tiens ton doudou, fit la voix de l'homme juste devant moi.

Je me figeai, me morigénant de mon comportement à la limite de la folie furieuse. Qu'est-ce qu'il me prenait ? Depuis quand accostais-je des inconnus, des pères de famille, qui plus est ? Je ne comprenais pas bien ce qu'il m'arrivait ; pourtant, j'avais très envie — besoin ? — d'être avec cet homme, de le voir, de l'entendre. Mes yeux ne quittaient pas sa silhouette du regard, détaillant son jean noir, légèrement élimé, et son pull, de la même couleur, qui accentuait la ligne masculine de ses épaules.

— Mais... papa ! râla la petite fille.

— Elizabeth, il y a beaucoup de monde et je ne veux pas te perdre. Je serais très malheureux de te perdre ici. Comment ferais-tu pour rentrer à la maison ?

Il se baissa à la hauteur de sa fille et repoussa

doucement les cheveux qui barraient son visage. Elle faisait une moue adorablement boudeuse, bras croisés sur la poitrine, fixant son père d'un air revêche.

— Et tante Abby serait triste de ne pas retrouver son modèle préféré! ajouta-t-il.

A la vue de la transformation du visage de la petite fille, je devinai que l'argument « tante Abby » était imparable. Elle plissa des yeux, soupçonneuse, avant de questionner son père :

— Tu crois qu'elle a de nouvelles robes?

— J'en suis certain, assura-t-il.

— Tu promets?

— Je promets, jura-t-il, une main sur le cœur, avec toute l'assurance d'un arracheur de dents.

J'étouffai un rire, avant de voir Elizabeth décroiser les bras et consentir à donner la main à son père. Il se redressa et, à cet instant, son regard croisa le mien. Il fronça les sourcils, un peu surpris, et les explications qui se bousculaient dans ma tête moururent dans le fond de ma gorge. Ou comment se sentir idiote sans même prononcer un seul mot.

— Je me disais que... Enfin... Qu'on pourrait... prendre... un café. En attendant, complétai-je, un peu stupidement.

Il sembla stupéfait et les quelques secondes de silence au milieu de cet aéroport grouillant de monde me firent réaliser l'énormité de la situation. Il devait me prendre pour une folle.

— Enfin... Je suis seule et...

Je me tus de nouveau, avant qu'un rougissement massif n'envahisse mon visage et ma gorge. De toute évidence, cette petite fille avait une maman quelque part. De toute évidence, son père ne devait pas être seul. Et de toute évidence, j'étais en train de me rendre parfaitement ridicule.

— Papa dit que le café est mauvais pour la santé, intervint Elizabeth.

— C'est vrai, je le dis souvent, admit-il. Ma sœur est caféinomane.

— Oh... c'était juste une idée, dis-je, mortifiée d'être un mauvais exemple. Bien, je pense que je vais retourner... là-bas, m'excusai-je en reculant.

— En revanche, je n'ai rien contre le chocolat chaud, reprit-il avec un léger sourire. Si vous êtes prête à endurer les commentaires déplacés de ma fille, compléta-t-il avec un léger regard de reproche à son attention.

Elizabeth leva les yeux au ciel, dans une attitude si adulte que cela me stupéfia.

— Je ne voudrais pas... déranger, articulai-je péniblement.

— Je suis seul aussi, j'attends un vol pour Seattle. Je crois qu'une conversation adulte ne me fera pas de mal, lâcha-t-il en passant une main dans ses cheveux.

— D'accord, acquiesçai-je en avançant vers eux. J'ai repéré un café plus loin. Je crois qu'il y a une aire de jeux pour enfants.

— Oh ! papa, dis oui. Dis oui, dis oui, dis oui, dis oui ! s'écria Elizabeth en sautillant, tout en tenant la main de son père.

— D'accord, d'accord, souffla-t-il. On y va !

— Super ! hurla-t-elle.

Son enthousiasme me tira un petit rire et nous avançâmes vers le café quelques mètres plus loin. Je suivis l'homme prudemment, instaurant une distance de sécurité raisonnable. J'étais toujours embarrassée par mon culot et chamboulée par ce que je ressentais, un mélange d'appréhension et d'inévitable attraction. Ma valise toujours derrière moi, je souris en voyant Elizabeth sautiller devant son père, sa robe virevoltant autour d'elle. Une table se libéra à notre arrivée et nous nous y installâmes rapidement. Je pris place près de l'homme, imitant inconsciemment ses réflexes de père surveillant sa fille face à lui.

— Peut-être devrions-nous commencer par les bonnes manières que je tente d'inculquer à ma fille. Je m'appelle Mark, se présenta-t-il en tendant sa main.

— Anna, répondis-je en la serrant dans la mienne.

Sa poigne était toujours aussi ferme. Sa paume, légèrement calleuse, était chaude. Son sourire franc donnait instinctivement confiance. Et son regard était lumineux, clair, juste... Il n'y avait pas un voile de doute, de secret ou de malentendus.

— Et voici ma fille, Elizabeth, ajouta-t-il. Elizabeth, c'est Anna.

Elle me tendit sa petite main et hocha la tête. De nouveau, ce comportement si mature pour son âge m'étonna. Je serrai délicatement ses doigts avec le même mouvement de tête.

— Ravie de te rencontrer, Elizabeth, dis-je. Je vais aller commander nos boissons.

Abandonnant père et fille, je me dirigeai vers le bar pour nous commander trois chocolats chauds. Sur ma gauche, je repérai l'aire de jeux, ensemble de tubes et de matelas en plastique sur lesquels les enfants pouvaient grimper. A mon retour à notre table, Mark lisait l'histoire qu'Elizabeth avait choisie dans la boutique.

— Je peux aller jouer ? le coupa-t-elle.

— Vas-y, mais tu ne t'éloignes pas.

— Promis ! cria-t-elle, en se dirigeant vers un groupe d'enfants.

Mark la suivit du regard, s'assurant qu'elle gagnait l'aire de jeux. Les yeux rivés sur elle, il porta son chocolat à sa bouche, se léchant les lèvres pour y effacer toute trace de crème.

— Merci, souffla-t-il.

— Je vous en prie. Quel âge a-t-elle ? demandai-je, mes yeux se dirigeant naturellement vers sa fille.

— Cinq ans, sourit-il. Vous avez des enfants ?

— Non ! m'exclamai-je vivement, en ravalant un cri d'effroi.

Mark se tourna vers moi, une étincelle de curiosité animant son regard émeraude. Je fronçai les sourcils et entourai mon mug de mes mains pour me réchauffer. Ma réaction vive avait dû le surprendre.

— Je suis encore jeune, expliquai-je finalement.

— Me voilà rangé dans la catégorie « ancêtre », railla Mark. C'est une chose de le savoir, c'en est une autre de l'entendre !

— Ce n'est pas ce que je voulais dire !

— Que vouliez-vous dire alors ? m'interrogea-t-il, amusé. Quel âge avez-vous ?

— Mark, je me dois de vous rappeler les règles de politesse. Vous savez, ces mêmes règles que vous voulez inculquer à votre fille !

— Ma fille n'est pas avec nous ; et vous êtes encore assez jeune pour que je pose la question sans risquer un tsunami hormonal.

Tout son corps était maintenant tourné vers moi, sa curiosité prenant le pas sur les règles sociales habituelles entre un homme et une femme. En temps normal, je ne me serais jamais laissé observer de la sorte. Je n'aurais même jamais laissé un inconnu m'approcher de si près. Mais ma retenue habituelle était en train de fondre dans ce mug de chocolat chaud. Je sirotai une gorgée de ma boisson, observant les traits du visage de Mark, le dessin net de sa mâchoire, les rides au coin de ses yeux qui traduisaient sa nature souriante et cette légère cicatrice qui barrait son front.

— J'ai vingt-cinq ans, avouai-je avec un franc sourire. Et vous ?

— Trente-quatre. Je suis définitivement un « ancêtre » pour vous, rit-il en reprenant sa position initiale.

Mon regard fut happé par Elizabeth, qui revenait vers nous, les joues rouges et essoufflée. Immédiatement, j'eus la sensation de disparaître, de devenir quasiment invisible aux yeux de son père, qui repoussa sa chaise pour l'accueillir dans ses bras.

— Tu peux m'attacher les cheveux, papa ? demanda-t-elle, hors d'haleine.

— Où as-tu mis ton élastique ?

Elle haussa les épaules avec une légère moue. Mark soupira, avant de tâter ses poches pour tenter de trouver de quoi attacher les cheveux de sa fille.

— Prenez ça, proposai-je en défaisant ma queue-de-cheval.

— Je dois en avoir un quelque part, grogna-t-il dans sa barbe.

— Prenez-le, j'en ai plein dans ma valise !

— J'en avais plein aussi quand nous sommes partis ! Elle les sème un peu partout. Merci, murmura-t-il finalement en abandonnant ses recherches, avant de prendre mon élastique.

Il lissa les cheveux de sa fille en arrière et, très délicatement, y passa les doigts pour les démêler. Elizabeth grimaça, mais se laissa faire. L'élastique entre les dents, Mark rassembla ses cheveux dans son poing, s'assurant de ne laisser aucune mèche en liberté.

— Evite de le perdre, celui-ci, dit-il doucement à sa fille.

J'admirai sa technique, alliant la douceur à l'efficacité. La queue-de-cheval était bien placée au centre du crâne, les mèches brunes et légèrement ondulées d'Elizabeth tombant gracieusement sur son dos.

— Tu peux retourner jouer, lui indiqua son père quand il eut terminé.

Elle plaça un baiser furtif sur sa joue et sauta de ses genoux pour retrouver ses nouveaux amis. En la voyant si proche de son père, je repensai à l'idée qui m'avait effleurée plus tôt. La maman.

— Vous êtes doué, le félicitai-je.

— Question d'habitude. Elizabeth a hérité

de mon patrimoine capillaire. En trente-quatre ans, j'ai appris à le dompter, plaisanta-t-il tout en ébouriffant sa tignasse.

Il reprit une gorgée de son chocolat chaud. Si, pendant les quelques secondes où sa fille avait été avec nous, j'avais été transparente, je retrouvais un intérêt maintenant qu'elle était en train de jouer.

— Vous rentrez sur New York ? demanda-t-il.

— Comment...

— Le *Post*, expliqua-t-il en le désignant de l'index. Il n'y a qu'une New-Yorkaise pure souche pour lire le *Post* quand elle n'est pas là-bas.

— Je ne suis pas une pure souche, rectifiai-je. Ma famille vit dans le Vermont. J'ai prévu de passer mon week-end de Saint-Valentin là-bas.

Curieusement, en parlant à cet inconnu de mes projets, je réalisai que cette perspective ne me faisait ni chaud ni froid. Etre bloquée dans cet aéroport devait être pénible pour tout le monde, sauf pour moi. Le blizzard m'offrait un peu de répit avant d'affronter ce que j'évitais depuis des mois.

Il y eut un court silence, simplement brouillé par le léger brouhaha ambiant. Je me perdis dans mes pensées, valsant entre l'envie de voir mon frère et le besoin d'éviter Jim. Mes mains se resserrèrent un peu plus autour de mon mug, pendant que je fixais, sans le voir, mon chocolat chaud.

— Est-ce que tout va bien ? demanda Mark en posant sa main sur mon avant-bras.

Je tressaillis légèrement à ce contact, sortant de ma torpeur. Mes yeux se vrillèrent sur sa main.

— Je... oui, balbutiai-je en secouant la tête.

Je me recomposai un visage, y plaquant un sourire factice. Devinant mon trouble, Mark hocha la tête, son visage trop sérieux se détendant doucement. Il libéra mon bras et m'imita, prenant lui aussi une gorgée de son chocolat.

— Donc Seattle ? m'enquis-je pour changer de sujet.

— Seattle. La maison, sourit-il largement.

J'attendis qu'il complète, mais il resta muet. Son regard se perdit au loin, cherchant sa fille pour s'assurer que tout allait bien.

— Votre famille habite là-bas ?

— Mes parents et ma sœur, répondit-il doucement.

Contrairement à moi, son visage s'illumina à la mention de sa famille. Il se retourna vers moi et me fixa étrangement. Le léger fourmillement qui avait chatouillé ma peau chaque fois qu'il m'avait touchée reprit, me forçant à changer mon mug de main. Cet homme me rendait nerveuse, hésitante, mais plus j'étais avec lui, plus j'étais curieuse d'en savoir plus.

— Vous avez une cicatrice, fis-je remarquer en désignant sa marque de l'index.

— Une rencontre malencontreuse avec une pièce de charpente. Ça m'a assommé pendant une bonne heure.

— De la charpente ? m'étonnai-je.

Il hocha la tête, un air ravi sur le visage. Visiblement, cette cicatrice devait être une forme de fierté pour lui. Il passa son index dessus, se remémorant certainement le souvenir de cette « rencontre ». Il se tourna vers moi et examina méticuleusement mon visage. Son regard clair balayait mes traits, une sincère curiosité illuminant son regard.

— Vous en avez une aussi, commenta-t-il, victorieux, en plaçant son index sous mon menton pour le soulever.

Un peu surprise par son geste, j'échappai un hoquet. Son doigt glissa furtivement le long de mon cou, pendant qu'il m'examinait.

— Chute de vélo ? tenta-t-il, ses yeux retrouvant les miens.

— Presque. Le lit superposé de mon frère.

Du coin de l'œil, je le vis froncer les sourcils. Son regard s'arrêta de nouveau sur la petite trace blanche qui fendait mon menton. Il passa la pulpe de son pouce dessus, caressant ma peau abîmée et quasiment insensible.

Quasiment.

Le même vertige que quand il m'avait touché le bras me saisit. Et il me sembla durer une éternité. Son pouce passait encore et toujours au même endroit, effleurant les aspérités de mon épiderme, échauffant mes joues, accélérant les battements de mon cœur.

— Voilà pourquoi je ne veux pas en acheter à Liz, murmura-t-il en relevant les yeux vers moi. Quel âge aviez-vous ?

— Huit ans, je crois.

Il passa une dernière fois son pouce sur ma peau. Je baissai la tête, rougissant un peu en pensant à la proximité de nos deux corps. Cette caresse anodine s'était révélée plus intime qu'elle n'aurait dû l'être.

— Vous avez dû avoir mal, dit-il, concerné.

— Je me souviens des cris de ma mère surtout, ça saignait beaucoup, souris-je. Mon frère a eu peur aussi, il m'a laissée tranquille pendant des semaines après ça.

J'étouffai un rire au souvenir d'Erik, aux petits soins pour moi. De deux ans mon aîné, il avait pour habitude de faire de ma vie un enfer, et déjà à huit ans, cela m'agaçait prodigieusement.

— Comment s'appelle votre frère ?

— Erik.

— Vous souriez quand vous parlez de lui. Il est dans le Vermont ?

— Non. Seuls mes parents vivent dans le Vermont. Erik est préparateur physique pour les Yankees. C'est une grosse bête pleine de muscles.

— Qui est une grosse bête ? fit une voix enfantine derrière nous.

Mark changea immédiatement de posture, ouvrant les bras pour qu'Elizabeth vienne s'y réfugier. Elle s'installa sur ses genoux avec un grand sourire, sa queue-de-cheval, pourtant parfaite dix minutes avant, à moitié défaite. Instinctivement, je tendis la main vers ses cheveux, retirant l'élastique avec douceur pour la recoiffer.

Pendant que je rassemblais ses mèches, elle posa sa joue contre le torse de son père, se laissant bercer. Concentrée sur ma tâche, je ne sentis qu'à la fin le regard de Mark sur moi. Il me fixait avec cette désarmante et troublante intensité. De nouveau, j'eus le sentiment qu'il sondait mon âme, qu'il tentait de percer mes secrets. Elizabeth se redressa, son regard pétillant de malice me tirant de mes pensées.

— Tu connais un monstre ? demanda-t-elle, pleine d'espoir.

— Mon frère. Il est grand comme ça, fis-je

en montant ma main le plus haut possible. Et large comme ça, ajoutai-je en écartant les bras.

— Est-ce qu'il est méchant ? s'enquit-elle, un peu impressionnée.

— Non, il est très gentil. C'est un frère merveilleux. Il m'attend à la maison.

— Tante Abby m'attend aussi ! Elle fait des robes, dit-elle en agitant le tissu de celle qu'elle portait devant elle.

— Elle fait des robes ? répétai-je.

— Elle est styliste, corrigea Mark. C'est ma petite sœur Abby. Elle a une boutique à Seattle. Et elle crée des robes pour Liz.

— C'est chouette ça ! m'exclamai-je à l'attention d'Elizabeth.

— Et papa construit des maisons, enchaîna-t-elle avec fierté.

Je relevai le regard vers Mark, comprenant maintenant la rencontre malheureuse avec la charpente.

— Je suis entrepreneur, compléta-t-il. Je fais les plans et ensuite, je monte les murs.

— Vous êtes tous des manuels dans la famille ? plaisantai-je.

— Mon père est avocat, sourit-il. Et ma mère nous a élevés ; c'est sûrement de son côté l'aspect manuel, elle ne cessait de nous faire décorer des boîtes ou planter des légumes.

La nostalgie évidente dans ses mots provoqua

un léger frisson d'envie. Cela ressemblait à une enfance parfaite. Son sourire s'effaça doucement, se dissipant dans ses souvenirs heureux.

— Que faites-vous dans la vie ?

A l'envie succéda la honte. Je n'avais jamais été une manuelle. J'étais à peine capable de monter un meuble en kit sans me blesser, ou sans provoquer l'effondrement dudit meuble.

— Je travaille pour les hôtels Hilton. Je fais du suivi qualité, tout ce qui concerne le normatif.

Mark hocha la tête, assimilant l'information, pendant qu'Elizabeth me regardait comme si une succession de gros mots venait de s'échapper de ma bouche. Je réalisai qu'expliquer mon métier à une petite fille avec des mots simples comme « je construis des maisons » me serait quasiment impossible.

— Je voyage beaucoup, résumai-je pour elle. Je vérifie que tous les lits sont confortables.

— Tu sautes dessus ? demanda-t-elle, enthousiaste, les yeux grands ouverts, pendant que Mark éclatait de rire.

— Non, ris-je, non. Je ne saute pas dessus. Mais c'est une idée !

— Elle est pleine d'imagination, l'excusa Mark.

— Ça rendrait mon métier beaucoup plus drôle. Je vais y penser la prochaine fois. Et toi, Liz, tu veux faire quoi plus tard ?

— Infirmière, lança-t-elle avec conviction. Comme maman !

Le rire de Mark s'éteignit à la seconde où le mot « maman » sortit de la bouche de sa fille. L'ambiance légère instaurée par le retour d'Elizabeth s'estompa. Mark baissa les yeux, fuyant mon regard. La question qui m'avait brûlé les lèvres quelques instants auparavant resurgit brutalement :

— Tu veux retourner jouer ? proposa Mark à sa fille.

— A tout à l'heure, Anna ! hurla-t-elle en courant vers l'aire de jeux.

Je la saluai de la main, lui offrant un maigre sourire. Mark la regarda s'éloigner, mais son sourire avait disparu.

— Sa mère habite Norfolk, nous revenons de notre visite annuelle.

Je relâchai l'air contenu dans mes poumons, réalisant au même instant que cette révélation me soulageait.

— Divorce ? devinai-je, un peu sèchement.

— Nous n'étions pas mariés. Je fais en sorte qu'Elizabeth voie sa mère une fois par an, mais je me demande si c'est utile.

— Pourquoi ça ne le serait pas ?

— Jenny est une chic fille — drôle, intelligente — mais elle est incapable d'être une mère. Elle est même incapable de faire une queue-de-cheval à sa propre fille, ajouta-t-il en se retournant vers moi.

— Oh..., soufflai-je, tétanisée par la tristesse qui émanait de lui.

— Elizabeth veut être infirmière. Mais mon père fait tout pour la faire changer d'avis.

— Il ne veut pas d'une autre manuelle dans la famille ? plaisantai-je, en espérant revenir à un sujet plus léger.

— Peut-être, répondit-il en riant doucement.

— Vous l'élevez seul depuis longtemps ?

— Seul ? Je ne me suis jamais senti seul avec elle. Il y a ma sœur et mes parents. La solitude... Je ne crois pas savoir ce que c'est. Et je ne regrette pas Elizabeth, comment le pourrais-je ?

Il soupira lourdement et passa une main nerveuse dans ses cheveux. Je l'observai, devinant que son corps, tendu à l'extrême pendant l'évocation de la mère d'Elizabeth, se détendait finalement.

— Elle vous ressemble, commentai-je.

— Elle a les yeux de sa mère, contra-t-il.

— Elle a votre sourire. Et vos cheveux, de toute évidence. Elle a cette lueur joyeuse dans le regard. Et elle est fière de vous. Vous construisez des maisons tout de même !

— Et je me cogne dans les charpentes,

pondéra-t-il, amusé, en me lançant un regard un coin.

— A-t-elle besoin de connaître les détails ? Gardons l'image du constructeur de maisons pendant que moi, j'irai sauter sur les lits des hôtels Hilton.

Je me surpris à réellement détester mon métier, à me sentir profondément inutile, transparente aux yeux du monde. Qui se souciait vraiment du confort des lits du Hilton ? Sûrement pas Mark en tout cas, ancré qu'il était dans la réalité.

Je dirigeai mon regard vers une des baies vitrées, observant les flocons de neige s'y écraser violemment. Je frissonnai en songeant au froid polaire à l'extérieur.

Peut-être que ce soir mon métier pouvait enfin être utile à quelqu'un...

— Vous avez de quoi dormir ? Pour cette nuit, ajoutai-je en voyant que Mark ne comprenait pas.

— J'ai deux super sièges, tout confort, en plastique moulé. Incroyable de moelleux, ironisa-t-il. Elizabeth pourra s'y allonger.

— J'ai une chambre au Hilton. Je peux vous héberger.

— Anna, je...

— Je vous en prie, je ne vais pas vous laisser dormir ici, dans le hall, avec Liz, pendant que j'aurais une suite à ma disposition.

— Vous n'avez pas à...

— Mark, je ne construis pas de maisons et je ne fais pas de robes, laissez-moi au moins vous offrir quelque chose à ma portée.

Mark me fixa, pesant apparemment à toute vitesse le pour et le contre. Il se frotta nerveusement le menton, ses yeux quittant les miens pour observer Elizabeth.

— D'accord, murmura-t-il en hochant à peine la tête. Merci de votre offre.

Il pivota pour me faire face et son regard sincère me transperça. Je réalisai que cela faisait bien longtemps qu'un homme ne m'avait pas regardée avec une telle sincérité. Cela me sidéra et, pendant une seconde, il n'y eut que ce regard, ce vert puissant, fort, net, dépourvu d'agressivité, de rancœur, de jugement. Aux yeux de quelqu'un, j'étais enfin moi, juste moi.

— Je vous en prie, murmurai-je à mon tour, un peu tremblante.

— Si j'avais su que vous me feriez une telle offre, j'aurais moi-même propulsé Elizabeth à vos pieds, rit-il.

— Je vous assure que je n'aborde pas tout le monde de la sorte.

— Pourquoi l'avoir fait avec nous alors ? demanda-t-il avec un intérêt non dissimulé.

J'ouvris la bouche, cherchant une réponse acceptable pour lui, comme pour moi. Son regard était stupéfiant, la façon dont son front se plissait me fascinait. Même cette cicatrice me tentait. Je voulais en savoir plus, sur lui, sur sa fille, sur ce magnétisme qu'il dégageait.

— Je ne sais pas, avouai-je finalement. Vous me faites me sentir... mieux, bégayai-je en rougissant.

— Je ne crois pas que ce soit moi, c'est juste l'idée de retarder l'échéance.

— L'échéance ?

— New York. Ou la personne qui est là-bas et avec qui vous vous êtes disputée.

— Comment...

— Tout à l'heure, dans la boutique. Je sais que c'est impoli, mais je n'ai pas pu m'empêcher d'entendre votre conversation, avoua-t-il, un peu gêné.

Je soupirai lourdement, ramenant mes cheveux en arrière, plus par nervosité que par besoin. Quand je levai la main une seconde fois pour réitérer mon geste, Mark m'arrêta en saisissant mon poignet. Pendant une fraction de seconde, nous fûmes seuls. Mon poignet était bloqué entre ses mains puissantes, son regard inquiet ancré dans le mien, son corps penché vers moi. Je déglutis péniblement, cherchant à construire une phrase cohérente.

— Papa, j'ai faim ! nous interrompit Elizabeth à nos côtés.

— Ça ne m'étonne pas de toi ! s'exclama-t-il avec joie, me libérant dans la seconde.

Il se leva de sa chaise et prit Elizabeth dans ses bras. Côte à côte, la ressemblance était plus frappante ; les mimiques, le retroussement de leurs lèvres juste avant de sourire étaient absolument identiques.

— Anna ? dit-il en offrant sa main pour m'aider à me relever. Vous vous joignez à nous ?

— Je...

— J'aimerais que vous veniez, dit-il dans un élan de franchise. Et j'aime l'idée de vous faire vous sentir mieux.

Sa voix était tellement basse, presque rauque, que je me demandai si je n'avais pas halluciné. Le changement avait été furtif, presque imperceptible. Brutalement, alors qu'il avait Elizabeth avec lui, je n'étais plus invisible. J'existais. Si j'avais ressenti de la curiosité depuis notre rencontre, ou même une franche envie d'en savoir plus, je découvrais maintenant autre chose, plus près du désir ; un désir palpable, chaud, persistant, qui faisait fourmiller mes mains et s'emballer, de façon inédite, mon cœur. La sensation était grisante... et effrayante : je n'avais encore jamais ressenti ça.

— S'il vous plaît, ajouta-t-il.

Ces derniers mots étaient inutiles. Tout en moi m'ordonnait de le suivre, de me laisser porter. Je posai ma main dans la sienne. Il opina légèrement, approuvant ma décision. Un sourire souleva ses lèvres et je l'imitai, certaine d'avoir fait le bon choix.

— Allons à l'hôtel, proposai-je finalement.

Je me penchai vers Elizabeth qui avait la tête nichée dans le cou de son père et passai une main sur son dos, ignorant volontairement le regard de Mark qui scrutait le moindre de mes mouvements.

— Nous commanderons au room service et elle pourra dormir, dis-je finalement en poursuivant mon geste.

— Pouvez-vous la couvrir ? demanda-t-il en me désignant le manteau sur la chaise.

Je m'exécutai, déposant sur les épaules de sa fille un manteau épais de couleur grise. Nous sortîmes du café et je les devançai, connaissant par cœur le chemin pour rejoindre l'hôtel. A mon arrivée, je présentai mon badge et demandai mon pass pour ma suite.

Mark me suivait en silence, pendant qu'Elizabeth, prise d'un regain d'énergie, commentait ce qu'elle voyait.

— On ne rentre pas à la maison ? demanda-t-elle finalement à son père quand nous fûmes dans l'ascenseur.

— Non, ma puce. Il y a trop de neige, les avions ne peuvent pas décoller.

— On rentre demain alors ?

— Demain, j'espère, souffla Mark, son attention se tournant vers moi. Que dit la météo ? s'enquit-il en me voyant consulter mon téléphone.

— Ça devrait être mieux demain. La tempête est censée se calmer pendant la nuit.

Il sembla soulagé de l'apprendre et rassura sa fille. Nous gagnâmes la suite de l'hôtel. Mark déposa Liz sur le canapé géant qui ornait la pièce principale. Sur la gauche, un couloir menait à une chambre richement décorée.

— Tu veux qu'on aille voir ta chambre ? proposai-je à Elizabeth.

Elle hocha frénétiquement la tête et cala sa minuscule main dans la mienne. Nous traversâmes le couloir, Mark derrière nous. La petite fille ouvrit de grands yeux en voyant la taille de la pièce. Aussitôt, elle se précipita sur le lit, s'y jetant joyeusement.

— Je veux le même, papa ! s'esclaffa-t-elle.

— Je vais devoir agrandir la maison alors, soupira-t-il avec un regard en biais pour moi. Tu peux remercier Anna qui te permet de dormir dans ce lit.

— Merci, Anna ! hurla-t-elle.

— Vous voulez manger ? proposai-je.

— Anna, j'ai l'impression d'abuser de votre gentillesse.

Je levai les yeux au ciel, balayant ensuite sa remarque d'un mouvement de main. Les éclats de rire d'Elizabeth nous parvinrent, troublant le silence gênant qui s'installait entre nous.

— Merci beaucoup pour tout ce que vous faites.

— Ce...

— Je vous assure, Anna. C'est très généreux de votre part, dans la mesure où nous nous connaissons à peine.

— Je ne crois pas que la qualité d'une relation vienne de son ancienneté, fis-je remarquer un peu durement.

Je croisai les bras sur ma poitrine, avant de réaliser que j'étais sur la défensive. Je me morigénai, songeant que Mark n'y était pour rien. Je me détendis finalement, laissant mes bras reprendre leur position initiale, le long de mon corps. Soudain, je sentis les doigts de Mark effleurer par inadvertance les miens et mon corps se crispa dans la seconde. Je n'avais pas envie de m'éloigner. La caresse se reproduisit, à dessein cette fois, comme si ma main recherchait la sienne, recherchait de nouveau ce délicieux picotement.

— Je pense qu'elle peut bosser au service qualité avec vous, commenta Mark en observant Elizabeth sauter sur le lit.

— Je vais faire comme si je n'avais rien vu,

souris-je alors qu'elle bondissait à pieds joints sur le lit.

— Si vous devez blâmer quelqu'un, blâmez-moi. Je crains d'être le mauvais exemple dans ce cas précis.

— Vous sautez sur les lits ? m'étonnai-je.

— Avec elle, oui. Je lui apprends à toucher les étoiles. Celles qui sont collées à son plafond, précisa-t-il en voyant que je ne comprenais pas. Elle avait peur du noir, alors j'ai mis des étoiles fluorescentes.

— C'est ce que je devrais faire aussi, approuvai-je.

— Vous avez peur du noir ?

— Depuis toujours.

— Je viendrai mettre des étoiles chez vous, déclara-t-il d'une voix ferme.

— Rappelez-moi ce que vous dites à votre fille au sujet des promesses, plaisantai-je avec un large sourire.

— Qu'il faut les tenir, riposta-t-il. Pour l'instant, je n'ai jamais fait défaut.

Il tourna son visage sérieux vers moi, son regard clair et pénétrant appuyant un peu plus ses derniers mots. Mon sourire s'effaça et je sentis mes poumons se comprimer dans ma poitrine. Soudain, l'espace réduit entre nous me sembla encore inexistant. Je suffoquai presque, noyée dans ses yeux, et pourtant ancrée dans la réalité par sa main frôlant la mienne.

— Allons commander à dîner, proposa-t-il. Liz, descends, on va manger !

Quelques minutes plus tard, je commandai notre dîner, composé de hamburgers, de frites et d'une immense crème glacée à la vanille pour Liz.

— Est-ce que tu vas venir dans notre maison ? demanda-t-elle subitement, alors que son père tressait ses cheveux humides de sa douche.

— Oh... Euh... non, bégayai-je. Je rentre dans ma maison, moi aussi.

— C'est loin ?

Je fouillai dans mon sac à la recherche de mon agenda papier dans l'espoir de trouver une carte du pays. Triomphante, je pointai du doigt Seattle — sa maison — avant de pointer le Vermont. Elle fronça les sourcils et je doutai qu'elle assimile l'espace entre elle et moi.

— Et maman ? s'enquit-elle auprès de son père.

— Ici, répondit-il en pointant une ville sur la côte Est.

— Mais tu pourras venir à notre maison ; on a un jardin et une balançoire ! s'extasia-t-elle.

— Nous avons aussi l'eau chaude et l'électricité, ironisa son père en finissant la tresse de sa fille.

J'étouffai un rire, pendant que le regard d'Elizabeth passait de moi à son père, interloquée. Je tentai de les imaginer tous les deux dans ce fameux jardin, Mark poussant sa fille sur la balançoire. De manière inexplicable, cette image me fit sourire.

— Je viendrai te voir, promis-je à la petite fille.

— Tu jures ?

— Je jure, assurai-je en regardant son père qui me fixait lui aussi.

Le room service s'annonça, Mark et Liz installant nos plats sur la petite table basse du salon. Mon ventre gargouilla alors que je m'asseyais sur le canapé. Mark m'adressa un regard moqueur.

— J'aime manger, admis-je en levant les yeux.

— Ça ne se voit pas, me complimenta-t-il.

— J'ai un excellent métabolisme, assurai-je en prenant mon hamburger entre mes mains.

— Papa fait les hamburgers, fit remarquer Liz en gobant une frite.

— Vraiment ? m'étonnai-je.

— Vraiment. Ma spécialité, souffla-t-il. Parmi d'autres.

— Que sait-il faire d'autre ? m'enquis-je auprès de Liz.

Mark leva les yeux au ciel, pendant que Liz,

sourcils froncés — expression typique de son père —, fouillait dans sa mémoire.

— Les spaghettis verts ! s'exclama-t-elle.

— Sauce pesto, traduisit-il.

— Les clowns !

— Des œufs au plat, avec du jambon pour faire le sourire. Ça marche à tous les coups !

— Et il danse, piailla-t-elle.

Je levai un sourcil curieux, observant le visage de Mark rosir légèrement. Il hocha doucement la tête, admettant ainsi que Liz avait raison.

— Il danse avec moi, précisa-t-elle, un sourire angélique sur les lèvres.

— Oui. Uniquement avec les jolies filles, sourit-il à sa fille en se levant du canapé.

Il lui tendit la main et, après avoir fait une légère courbette, il lança un regard amusé à sa fille. Elle l'imita, répondant à sa courbette par une légère révérence, tout en retenant un rire. Apparemment, il s'agissait d'un mode opératoire bien rodé. Il sortit son téléphone de la poche arrière de son jean et lança une chanson entraînante des Beatles.

L'instant suivant, j'observais, médusée, cet homme dansant avec sa petite fille, la faisant virevolter et tournoyer dans des gestes simples et faciles. Elizabeth était gracieuse, avec un port de tête impressionnant pour son jeune âge. Après quelques minutes de leur chorégraphie,

Mark tendit la main vers moi, m'invitant à les rejoindre.

Je refusai net, m'enfonçant même un peu plus dans le canapé pour limiter une catastrophique déconvenue.

— Venez, m'intima-t-il de nouveau.

— Je... je ne danse pas...

— Nous non plus, assura-t-il. On s'amuse. Je suis certain que vous pouvez en faire autant.

Réticente, je me levai et il prit ma main dans la sienne. D'un mouvement rapide, il enroula son bras autour de ma taille et me fit tourner jusqu'à ce que nos corps se touchent.

— Pas mal, souffla-t-il, son regard lumineux me fixant.

Il me propulsa en avant, Elizabeth s'écartant dans un cri d'excitation, avant de me faire tourner sur moi-même. A bout de souffle, je marchai sur mes pieds et trébuchai. Mark n'en tint pas compte, reprenant son manège, me faisant bouger comme jamais mon corps n'avait réussi à le faire. Du coin de l'œil, je vis Elizabeth s'asseoir et taper des mains sur le rythme de la chanson.

Les joues rouges, avec la sensation d'avoir couru un marathon, je me laissai attirer une dernière fois contre lui, ma poitrine s'écrasant contre son torse. Aussi essoufflé que moi, il leva les sourcils et son regard passa subrepticement de mes yeux à ma bouche.

— Vraiment pas mal, apprécia-t-il.

— Vous avez fait tout le travail.

— Vous débutez, c'est tout. Et je dois vous avouer un petit détail.

— Vous prenez des cours de danse avec votre fille ? m'amusai-je.

— Non.

Sa main quitta la mienne et se cala dans le bas de mon dos, me retenant fermement contre lui. Dans un petit sourire conspirateur, il s'écarta et me fit pencher en arrière. Mon corps se cambra, la pointe de mes cheveux effleura le sol et, alors que je m'habituais à observer le monde la tête en bas, Mark me ramena brutalement contre lui, son visage se retrouvant à quelques centimètres à peine du mien.

— Je ne danse qu'avec les jolies brunes, murmura-t-il à mon oreille.

Ses lèvres frôlèrent ma peau, me faisant frissonner alors que mon organisme avait encore chaud de notre danse improvisée. La main de Mark appuya dans mon dos, remonta légèrement, avant de me quitter. Je m'écartai après quelques instants.

Après le dîner, Elizabeth s'effondra de fatigue. Son père la porta jusqu'au lit en lui chantant du Simon et Garfunkel, où Cecilia était devenue

Eliza. Elizabeth chantonnait avec lui, sa main agrippée autour de la nuque de son père. Je les suivis jusqu'à la chambre, m'appuyant sur le chambranle de la porte pour les observer.

Mark caressait le visage de sa fille, avec cette dévotion presque familière. Il lui promit de laisser la lumière du couloir allumée et remonta les draps sur elle. Il plaqua ensuite un baiser sur son front, lui souhaitant une bonne nuit. Ces rituels me rappelèrent ceux que j'avais au même âge.

— Bonne nuit, Anna, murmura Liz en me voyant les espionner.

— Bonne nuit, Elizabeth.

Sans me poser plus de questions, j'entrai dans la chambre et embrassai doucement la petite fille sur la joue. Elle m'offrit un sourire heureux, avant de s'enfoncer dans l'oreiller, son doudou contre elle. Mark sortit de la chambre et je l'imitai, le rejoignant dans le salon.

— Simon et Garfunkel ? demandai-je.

— Longue histoire, soupira-t-il.

— J'ai toute la nuit et j'adore vous entendre parler d'elle.

— Quand elle était bébé, elle a eu des coliques affreuses. Impossible de dormir, ni pour elle, ni pour moi. Jenny... Disons que Jenny avait le sommeil lourd. Je la berçais longtemps, quasiment toute la nuit pour qu'elle ait moins mal. Une nuit, j'ai mis de la musique et c'était cette chanson.

— Ce n'était pas une si longue histoire, plaisantai-je.

— J'ai fait court. Notamment parce que j'ai envie d'entendre la vôtre, d'histoire.

Il s'assit sur le canapé, tandis que je restais stupéfaite, face à lui et toujours debout. Il risqua un sourire, espérant sûrement me détendre, alors que je tentais en vain d'avoir une pensée cohérente. Je n'avais pas pour habitude de parler de moi, encore moins à un inconnu, dans une chambre d'hôtel, un soir de Saint-Valentin. La situation me paralysait et lui me désarçonnait un peu plus à chaque échange. Il se redressa et vint se planter devant moi.

— Je peux vous chanter une chanson si vous préférez, sourit-il.

Il repoussa une mèche de cheveux derrière mon oreille, m'observant avec cette effarante sincérité. Il se rapprocha un peu plus de moi et je sentis mon corps vibrer, comme sous l'effet d'une violente attraction magnétique.

— Je crois que vous n'avez pas très envie de rentrer chez vous, murmura-t-il, sa bouche tout près de mon oreille.

Je fermai les yeux, me laissant envahir par le sentiment puissant d'abandon qui me gagnait. En un seul regard, dans cette boutique, il avait réussi à m'attirer à lui, à me faire quitter ma trajectoire de comète esseulée pour venir graviter autour de lui. Maintenant, je redoutais d'approcher encore plus. Ce qu'il provoquait en moi m'effrayait ; il me mettait dans une situation où je ne contrôlais plus rien.

— C'est vrai, admis-je. Longue histoire.

— J'ai toute la nuit, contra-t-il avec humour.

Sans attendre ma réponse, il captura ma main dans la sienne et m'entraîna sur le canapé. Il attrapa ensuite le pot de glace à moitié vide laissé par sa fille et le plaça entre nous.

— Comment s'appelle-t-il ?

— Jim. C'est le meilleur ami d'Erik. Notre relation est… compliquée. Je l'ai toujours vu comme l'ami d'Erik et un jour il est devenu autre chose.

— Et c'est le « autre chose » qui ne vous convient pas ?

— Je ne sais pas. Quand je suis avec lui, ce n'est pas… normal. Je veux dire, je devrais être contente de rentrer, je devrais peut-être être impatiente au point de rentrer en ski.

— Mais ?

— Mais je sais que nous allons encore finir par avoir cette conversation sur mon métier, notre couple. C'est trop pour moi, je ne peux plus… jongler avec tout ça.

Je me tournai vers Mark, qui enfournait une

cuillère de glace dans sa bouche. Il hocha la tête, signe qu'il m'écoutait, avant de me tendre la cuillère.

— Nous devions dîner ensemble ce soir pour la Saint-Valentin ; nous donner... une nouvelle chance, soupirai-je. J'ai changé d'affectation pour être plus souvent avec lui.

— Mais vous n'en n'avez pas vraiment envie ?

— Si, c'est juste que... Ce n'est pas normal. Je devrais être ravie d'être avec lui, je devrais sauter de joie et je suis juste... angoissée.

— Vous n'êtes pas prête, conclut-il.

— Prête à quoi ?

— A suivre ce qu'il vous demandera de faire.

— Il veut des enfants.

— Et vous n'en voulez pas.

— Si ! m'exclamai-je.

— Pas maintenant.

— Ce n'est pas...

— Pas avec lui alors ? proposa Mark d'un ton neutre.

Je pris une bouchée de glace, méditant sur ce que Mark venait de dire. Ce n'était pas une nouveauté pour moi, c'était juste la première fois que ce fait était formulé à voix haute. Et ça rendait la chose nettement plus réelle.

— Quand j'ai rencontré Jenny, j'ai trouvé que c'était la plus belle fille du monde, lança-t-il. J'étais presque reconnaissant qu'elle pose les yeux sur moi.

— Vous n'êtes pas sérieux ? ris-je.

— Bien sûr que non, j'avais juste envie de vous faire rire. Ceci étant dit, Jenny était superbe et moi j'étais…

Il s'arrêta et me fixa, comme s'il cherchait la réponse.

— Vous êtes censée finir ma phrase et flatter mon ego.

— Ah ? Oh… pardon… Donc Jenny était superbe et vous, vous étiez le plus grand tombeur de Seattle ? tentai-je en riant et en lui rendant la cuillère.

— Presque, acquiesça-t-il. J'ai de bons souvenirs de notre relation, même si cela n'a pas duré.

Son regard s'assombrit, se perdant dans des souvenirs mélancoliques, puis il soupira.

— Pour être franc, cela fait exactement quatre ans et — il jeta un coup d'œil à sa montre — trente-trois minutes que nous avons rompu.

— Un soir de Saint-Valentin ? C'est horrible ! grimaçai-je.

Il étouffa un rire devant ma réaction, avant d'arquer un sourcil.

— Oui, j'admets, je ne suis peut-être pas la mieux placée pour juger d'une rupture un soir de Saint-Valentin, souris-je. Que s'est-il passé ?

— J'étais en déplacement pour un chantier. Et j'ai eu la merveilleuse idée de lui faire la surprise de mon retour. De toute évidence, son amant avait eu le même type d'initiative.

— Victime de votre romantisme, lui fis-je remarquer en riant.

— Mon traumatisme s'estompe à peine. Heureusement, une fille m'a accosté dans un aéroport quelques années plus tard et je suis sur le point de me réconcilier avec cette journée.

Je rougis violemment, cherchant un moyen de cacher ma gêne dans mon dessert. Mark repoussa mes cheveux et prit mon pot d'entre mes mains.

— Joyeuse Saint-Valentin, murmura-t-il.

— Je suis mortifiée, avouai-je.

— Je suis sous le charme, contra-t-il. Peut-être qu'on devrait ritualiser ça et se retrouver chaque année ici pour fêter cette journée. On limiterait les traumatismes.

— Je ne suis pas traumatisée.

— Alors vous avez toujours eu des chocolats, des roses et des bijoux hors de prix ?

— Presque toujours. Sauf cette fois, où j'ai abordé un père de famille dans un aéroport. Il neigeait et même sans les chocolats, les roses et les bijoux, ça a été ma meilleure Saint-Valentin.

— Il ne tient qu'à vous d'en passer d'autres aussi... palpitantes.

Un silence pesant s'installa entre nous. Je secouai la tête, chassant l'idée séduisante de le retrouver l'an prochain, au même endroit. J'étais en couple, amoureuse — même si tout n'était pas rose —, qu'est-ce qu'il me prenait ? Je décidai de changer de conversation, afin d'éviter d'emprunter un chemin trop dangereux.

— Depuis combien de temps construisez-vous des maisons ?

Mark se redressa, accentuant ainsi l'espace entre nos deux corps. Je sus immédiatement qu'il était déçu du changement de conversation.

— Presque dix ans. J'adore ça en fait. J'imagine, j'optimise ; et ensuite, quand je vois le résultat et que je vois des familles y vivre... Vous pouvez trouver ça prétentieux, mais j'en suis très fier.

Il engloutit une autre bouchée de glace et mon regard capta une légère trace blanche sur sa main. Une autre cicatrice.

— Et celle-ci ? demandai-je en posant mon doigt sur la petite trace. Charpente, mur, plomberie ?

— Poêle à frire ! s'exclama-t-il. J'ai voulu faire des crêpes à Elizabeth pour ses deux ans.

Comme il l'avait fait avec ma cicatrice sous le menton, je passai mon doigt sur la marque lisse et douce. Mark tressaillit légèrement et plaça sa main dans la mienne.

— Comment est Jim ? demanda-t-il brutalement.

— Beau, je crois. Grand, brun, yeux bleus.

— Et comment êtes-vous devenus... plus que des amis ?

Je tendis ma cuillère à Mark, essayant de rassembler le souvenir précis qui avait fait que Jim et moi étions désormais un couple. En y réfléchissant, je ne parvins qu'à rassembler des images, des flashs du couple que nous étions maintenant.

— Je crois qu'il m'a invitée au cinéma, dis-je, hésitante.

— Vous croyez ? Vous avez oublié ?

— Je le crains.

— Vous ne vous souvenez pas... du jour où il vous a embrassée, ou du jour où il vous a tenu la main ?

— Nous ne nous tenons pas la main. Jim n'est pas très... expansif.

— Ça vous ennuie ?

— Parfois. Je m'y suis habituée, soufflai-je en haussant les épaules.

Sans rien dire, il m'offrit de la glace, tendant sa cuillère vers ma bouche. La glace fondit sur ma langue et je sentis le pouce de Mark caresser ma main. Sa peau rugueuse frottait sur la mienne, éveillant mon imagination. Je le visualisai dans ces maisons qu'il construisait, œuvrant à construire les murs, un T-shirt troué et élimé collant contre son torse puissant. Mon ventre se tordit légèrement et ma gorge, pourtant encore tapissée de glace, s'asécha.

— Si j'étais amoureux de quelqu'un, je voudrais que tout le monde le sache et le voie, murmura-t-il.

— Vous êtes un manuel, articulai-je. Un tactile même. Je l'ai senti, quand vous m'avez serré la main. La plupart des gens se seraient contentés d'un vague mouvement de la tête.

— J'ai besoin de toucher. De sentir, de passer mes mains sur les éléments. C'est mon mode de fonctionnement.

Je bougeai ma main de sorte que mes doigts caressent sa paume. J'étais fascinée par les aspérités de ces mains puissantes, chargées d'histoires ; ces mêmes mains qui me touchaient, qui me découvraient. C'était inédit et stupéfiant. Je savais que le relief de ces mains resterait ancré dans ma mémoire, bien plus que les caresses lisses de Jim ou ses baisers furtifs.

Les doigts de Mark s'animèrent à leur tour et tracèrent de petits cercles dans le creux de ma paume, éveillant des connexions nerveuses encore inconnues. Mon ventre se contracta un peu plus, sous le désir qui enflamma tout mon corps. Sentir ses mains sur moi était une expérience sensuelle inédite. Et j'en voulais plus.

Doucement, ses lèvres approchèrent des miennes. Ses yeux verts se vrillèrent aux miens, demandant silencieusement une permission que je lui avais accordée à la seconde où j'avais croisé son regard émeraude. Sa main quitta la mienne et vint se placer dans mon cou, à l'endroit où pulsait violemment mon sang. Il repoussa mes cheveux et je sentis de nouveau cette attraction incontrôlable pour lui, sa peau chaude caressant doucement la mienne. Je tremblai légèrement, émue et remuée au plus profond de mon être, le désir coulant dans mes veines.

Son souffle balaya mon visage et, après un dernier regard, il posa sa bouche contre la mienne. Dans l'instant, mon cœur s'emballa, tressautant dans ma poitrine. Je le sentis sourire ; sa main s'ouvrit pour entourer ma nuque, et ses lèvres, au goût de vanille persistant, se pressèrent contre les miennes. Un gémissement sourd s'échappa de ma gorge et il en profita pour avancer sa langue, quémandant un peu plus de moi.

D'abord hésitante, je trouvai finalement la sienne, optant pour un rythme lent, sous contrôle. Le goût de vanille se dissipa dans ma bouche. Mark m'attira un peu plus contre lui, la chaleur de son corps se propageant contre le mien. La vague de désir que je réprimais depuis notre rencontre me submergea dans la seconde. Ses lèvres bougeaient toujours sur les miennes, goûtant ma bouche, dansant avec ma langue, me retenant contre lui.

Quand j'agrippai sa nuque, un grondement mourut dans ma bouche et il s'écarta de moi. Il souda son front au mien et je vis son regard se voiler. Je sus alors qu'il le sentait aussi. Il sentait le désir, le besoin impérieux d'aller plus loin.

— J'ai besoin de te toucher, répéta-t-il, ses doigts quittant ma nuque pour suivre la ligne de mon épaule.

Haletante, je le laissai faire, sentant ma peau s'enflammer sous ses caresses. De l'index, il longea ma clavicule avant de se perdre dans les prémices de mon décolleté. Quand il releva les yeux vers moi, quelque chose avait changé. Il était incertain, comme s'il réalisait ce qu'il était en train de faire. Il s'écarta et, au même moment, j'entendis sa fille l'appeler.

Il fila jusqu'à la chambre, fuyant mon regard, pendant que je me reprenais. Cet homme était un inconnu pour moi, il avait une fille, nous étions au milieu du pays, il neigeait, Jim m'attendait, Mark vivait à Seattle, j'avais un métier...

— Tu réfléchis bruyamment, lança Mark en revenant dans le salon.

— Ça m'arrive souvent, souris-je. Un cauchemar ?

— Le monstre habituel sous le lit. A mon arrivée, il avait disparu. La glace est en train de fondre, remarqua-t-il en désignant le pot, toujours sur le canapé.

Il s'en saisit et le plaça dans le minibar. Je le regardai faire, observant sa silhouette longiligne, musclée et harmonieuse, se déplacer dans la pièce. Nul doute que « construire des maisons » devait aussi construire ce genre de corps. Quand il revint vers moi, son regard n'était plus fuyant. Nous étions sortis de cette transe sensuelle mais, malgré tout, l'attraction persistait. Mes yeux papillotaient mais revenaient invariablement sur son visage. Ou sur ses mains.

— Je me demandais comment tu en étais arrivée à faire ce métier ? m'interrogea-t-il avec prudence.

— C'est-à-dire ?

— La plupart des petites filles veulent être princesses, infirmières ou...

— Pâtissières, finis-je pour lui.

— Une manuelle ? s'étonna-t-il.

— Si c'est flatteur dans ta bouche, ça ne l'était pas dans celle de mon père. Il voulait que je fasse des études, que j'intègre Harvard, que je sois... une réussite, sifflai-je avec amertume.

— Je ne vais pas me plaindre de ta réussite, se moqua-t-il gentiment, en s'enfonçant dans le canapé.

— C'est la première fois que je ne m'en plains

pas non plus, approuvai-je, en me relevant pour me diriger vers la fenêtre.

La neige avait cessé de tomber. Le vent balayait le sol, le rendait certainement impraticable. Pourtant, je savais que les avions redécolleraient le lendemain ; je savais que cette nuit allait inéluctablement prendre fin. Je sentis soudain la chaleur du corps de Mark contre mon dos. Ses mains agrippèrent ma taille, pendant que ses lèvres picoraient un carré de peau derrière mon oreille.

— Cannelle… Sucre… Vanille peut-être, tenta-t-il dans un chuchotis.

— Vanille, approuvai-je doucement.

— Tu es une manuelle, affirma-t-il. Je le sens à la façon dont tes mains passent sur les miennes.

L'instant suivant, ses mains quittèrent mon corps pour trouver les miennes. Le contact m'était presque familier maintenant, j'apprenais à détecter les callosités, la rudesse, l'épaisseur de sa peau. Il me fit tourner face à lui.

— Elizabeth…, murmurai-je, prise d'un dernier sursaut.

— Elle dort, souffla-t-il.

— Je ne fais jamais ça.

— Moi non plus. Mais je suis… séduit, je crois.

Il serra un peu plus fort ma main, se penchant légèrement sur moi. Sa joue râpeuse frotta la mienne, pendant que son nez frôlait ma peau. Quand sa bouche glissa le long de ma mâchoire, je rendis définitivement les armes. Comme lui, j'étais séduite. Par l'homme, par le père, par la façon dont il me touchait, par son regard.

Nos bouches se retrouvèrent dans cette lente danse de séduction, nos mains toujours entrelacées. Le contact froid de la baie vitrée derrière moi me tira un frisson désagréable et je me décalai, en repoussant Mark maladroitement. Il se recula, sans que notre baiser se rompe, avant de me soulever pour me poser sur le bureau de la suite. Un peu surprise par la facilité avec laquelle il m'avait soulevée, je hoquetai et quittai ses lèvres.

Il me fixa, perturbé par cette absence soudaine de contact, avant de réaliser que j'étais en train de déboutonner mon chemisier. Le silence de la pièce était entrecoupé de nos respirations. La sienne, lourde, patiente ; la mienne, sifflante et erratique. Quand j'écartai les pans de mon chemisier, il tendit la main pour m'aider à l'enlever complètement.

— Tu es... magnifique, murmura-t-il.

— Je crois que...

— Anna, tu es magnifique. Si Jim n'a pas su te le dire, c'est juste un sombre crétin.

Lentement, il promena son doigt sur ma gorge, longeant la bretelle de mon soutien-gorge, avant de suivre la dentelle de mon balconnet. Ma respiration, déjà difficile, me sembla encore plus laborieuse ; mes poumons comprimés dans ma cage thoracique ne faisaient plus leur travail habituel. Mark, un sourire coquin aux lèvres, contemplait les réactions de mon corps. Je frissonnai quand il repoussa la bretelle droite, puis la gauche, libérant finalement mes seins.

Il plaça sa paume à hauteur de mon cœur, un léger sourire étirant ses lèvres.

— Tu peux me toucher aussi, Anna, proposa-t-il en retirant son pull, puis le T-shirt blanc qui couvrait son torse.

Mes yeux s'élargirent en voyant un tatouage s'étaler sur ses pectoraux. Je passai ma main dessus, souriant largement en comprenant finalement la signification.

— C'est pour ma fille, expliqua-t-il.

— Des étoiles, ris-je. C'est superbe.

Je suivis le tracé des étoiles minuscules qui paraient son torse. Cinq, à peine visibles, et pourtant, je ne pouvais m'empêcher de les regarder. Quand je relevai les yeux vers lui, je réalisai qu'il me fixait, son regard brûlant de désir. Il prit mon visage entre ses mains et m'embrassa de nouveau. Son corps puissant se lova contre le mien et, lentement, ses doigts chatouillèrent mes épaules, puis mes bras, avant de retrouver le creux de ma taille. Avançant encore un peu plus, Mark se fraya un passage entre mes jambes.

Il quitta mes lèvres et, très lentement, glissa sur ma gorge, puis vers le sillon de peau entre mes seins. Ses mains remontèrent vers mon ventre à l'instant où sa bouche se refermait sur un de mes seins. Un grognement vibra sur ma peau, animal et presque rageur. Sa langue entoura ma pointe, jouant avec, me rendant folle de désir. Il me titillait, excitant mon désir sans jamais l'assouvir totalement, il jouait avec ma patience et avec mes nerfs. J'étais prête à tout pour qu'il me promette d'assouvir ce désir qui me rongeait.

Je le voulais.

Mes mains s'enfoncèrent dans ses cheveux, accueillies par un nouveau grondement sourd. Je me cambrai légèrement, mon corps allant à la rencontre de sa bouche. Ses doigts pétrissaient mes hanches, comme s'il voulait s'accrocher à ma chair pour ne pas sombrer. Enfin, il relâcha mon sein et souffla doucement sur la pointe maltraitée. Ma peau se para de chair de poule, avant qu'un frisson ne cavale le long de ma colonne pour finir dans le creux de mon ventre.

Il s'attaqua à mon autre sein, lui réservant un traitement similaire, suçotant délicieusement la pointe. Mon corps me picotait agréablement, pris dans une frénésie inédite. Ma peau brûlait d'impatience et je me tortillai sous lui, quémandant plus, cherchant avidement le contact de sa peau. Mais Mark prenait son temps, savourait ces instants volés à nos vies. Ses mains rugueuses se baladaient sur mes côtes, explorant chaque recoin de peau exposée. Je retirai mes mains de ses cheveux et lui soulevai le menton. Il libéra mon sein dans un « pop » sexy, avant d'engloutir mon sourire dans le sien.

— Déshabille-moi, murmura-t-il sur ma bouche.

— Mark, je...

— Déshabille-moi. Je veux te toucher. Partout, ajouta-t-il en libérant une nuée de baisers le long de ma mâchoire. Te sentir, être en toi, sur toi.

Ses mains glissèrent le long de mes cuisses, brûlantes malgré le tissu de mon pantalon. Ce simple geste m'acheva presque. Il y avait une telle ferveur dans ses paroles et dans ses caresses que cela me coupait le souffle. Capturant son regard dans le mien, je dirigeai mes mains vers son pantalon. Une lueur de victoire s'alluma dans ses yeux, pendant qu'un à un les boutons sautaient.

— Je veux être sur toi, dis-je, prise d'un élan de confiance.

— J'ai toute la nuit, sourit-il. Nous avons toute la nuit.

— Ça ne sera pas suffisant.

— Je sais.

Il se débarrassa de son pantalon et de son caleçon d'un même mouvement. J'admirais la perfection de son corps, nu devant moi. Le tatouage sur sa poitrine ne cessait d'attirer mon regard, mais je remarquai également le léger dessin de ses abdominaux et la carrure parfaite de ses épaules. Je passai mes doigts sur son corps, remontant jusqu'à ses pectoraux. De nouveau, j'effleurai son tatouage avant de me décider à descendre du bureau pour y poser les lèvres.

— J'aime beaucoup, appréciai-je.

Il se tendit alors que je plantais un second baiser au même endroit. De sa bouche s'échappa le murmure de mon prénom, presque une prière. Je descendis sur son ventre, ses muscles frémissant au contact de mes lèvres.

— Anna, exhala-t-il de nouveau.

Quand je relevai les yeux vers lui, son visage était détendu, ses yeux clos. Sa bouche, légèrement entrouverte, et sa respiration courte trahissaient son excitation. Ça et son sexe droit et gonflé, m'invitant à descendre encore un peu plus. Je le pris doucement dans ma main et m'installai sur mes genoux. Mark gémit lourdement, ma paume glissant autour de lui avec une facilité déconcertante.

— Ne t'arrête pas, m'intima-t-il. Surtout, ne t'arrête pas.

J'accentuai ma caresse, prenant un rythme lent, me calant sur sa respiration haletante. J'abandonnai son sexe furtivement, passant une main sur ses bourses, avant de revenir vers son membre. Il tressaillit, surpris, et je réitérai mon geste, m'attardant cette fois un peu plus. Concentrée sur ma tâche et sur le plaisir que je ressentais à lui faire du bien, je sursautai en sentant ses mains rassembler mes cheveux dans son poing. Il risqua un sourire, qui s'élargit quand mes lèvres se posèrent sur son sexe.

— Putain de merde, gronda-t-il.

— Plus ? demandai-je, de plus en plus excitée.

Il hocha la tête et j'avalai son membre tendu dans ma bouche. Un grondement guttural me parvint, et sa poigne se raffermit sur ma tête. Je sentais son regard sur moi, puissant, dévastateur, provoquant plus de pulsions et d'embrasements dans tout mon corps que tout ce que j'avais ressenti depuis que j'étais avec Jim. J'enroulai ma langue autour de lui, m'appliquant à prendre une cadence de plus en plus rapide. Mais très vite, alors que ma bouche l'entourait, je réalisai que je n'étais plus celle qui dominait notre étreinte. Son sexe entrait et sortait de ma bouche sans que j'aie à bouger. Il accélérait, ralentissait, s'arrêtait parfois pour me laisser œuvrer, avant de reprendre son geste.

— Lève-toi, ordonna-t-il soudain.

Je m'exécutai et, d'un mouvement presque brutal, il m'enleva mon pantalon. Ses lèvres se heurtèrent aux miennes, sa langue me domina. Il appuya son front contre le mien, son souffle chaud caressant mon visage, et me demanda :

— Est-ce qu'il te fait jouir ?

Je restai muette sous son regard flamboyant, stupéfiée par sa question et anesthésiée par ses mains pressant mes fesses.

— Tu es... excitante. Non, plus que ça même. Tu es... parfaite. Tu n'as pas idée de ce que tu provoques en moi.

Je sentis son sexe pointer contre mon ventre, signe plus que visible de ce que je provoquais.

— Non, avouai-je finalement. Je n'ai... Je veux que tu me touches, que tu sois en moi, que tu me fasses toucher les étoiles, murmurai-je d'une voix un peu éraillée.

— Anna... je... Ce qu'il se passe, je...

— Je sais, admis-je. Mais pour une fois, j'ai le contrôle de ma vie. Je ne demande rien de plus.

— Moi, si.

Il encadra mon visage de ses mains et posa ses lèvres sur les miennes dans un baiser doux et tendre. Lentement, il nous fit reculer jusqu'au canapé, avant de m'y faire allonger.

— Je veux plus, souffla-t-il. Je voudrais avoir du temps pour... découvrir tout ça, expliqua-t-il, le plat de sa main caressant ma peau.

Je me cambrai en sentant sa paume rugueuse parcourir mon corps. Quand il parvint enfin à mon intimité, il écarta le tissu de ma culotte et inséra un doigt en moi.

Mes reins se creusèrent aussitôt, ma tête partant en arrière sous la montée de plaisir salvateur. Il retira son doigt et je rouvris les yeux, presque déçue, découvrant son sourire satisfait.

— Vanille, définitivement, apprécia-t-il en suçotant son index.

— Mon Dieu, murmurai-je.

Sans me lâcher des yeux, Mark agrippa ma culotte et la fit glisser le long de mes jambes, avant de la rouler en boule et de la jeter derrière lui. Il s'installa au-dessus de moi, son membre tendu chatouillant mon bas-ventre, ses mains se liant aux miennes au-dessus de ma tête. Son corps se moula parfaitement au mien et son regard sonda le mien.

— Maintenant, souffla-t-il sur ma bouche, je vais vraiment te sentir.

Il souleva les hanches et, très lentement, entra en moi. Je me soulevai pour aller à sa rencontre, l'accueillant en moi avec soulagement. Le bonheur, la chaleur, le désir se mêlaient dans mes veines, des frissons de bien-être se propageant jusqu'à mes orteils.

— Bordel, Anna, gronda Mark en se retirant puis en revenant en moi. Une... douce torture, haleta-t-il.

Je gémis en réponse, tandis que son sexe m'emplissait totalement. Les yeux clos, je me laissai emporter par mes sensations, perdant le contrôle, flottant quelque part où ni contraintes ni récriminations n'existaient. Seuls lui et son corps épousant parfaitement le mien comptaient.

— Est-ce que ça va ? s'inquiéta-t-il en embrassant mes paupières closes.

— C'est... parfait, balbutiai-je en plantant mes yeux dans les siens.

Il libéra une de mes mains et la cala dans mon dos, me forçant à creuser un peu plus les reins. Dans cette position, ses mouvements s'amplifiaient, me faisant trembler de plus en plus.

Mark grondait à chaque coup de reins, s'enfonçant en moi avec une douceur incroyable. Pourtant, la puissance de ses poussées, sa force, son visage rayonnant révélaient à quel point il aimait ça.

Je relevai ma jambe gauche pour entourer sa taille. Mark se contenta de sourire, appréciant ma prise d'initiative. Je retrouvai ses lèvres, nos dents s'entrechoquant dans un baiser heurté et interrompu par nos gémissements rythmés.

— Tu es… chaude. Je n'ai pas ressenti ça depuis des années, avoua-t-il à mon oreille.

Je m'accrochai à ses épaules, détectant les prémices d'un orgasme dévastateur dans le bas de mon ventre. A mon tour, je bougeai le bassin, anticipant ses mouvements pour le sentir plus profondément en moi.

— Laisse-toi aller, m'intima-t-il.

— Plus vite… S'il te plaît, plus vite…

Il se redressa légèrement, et ce nouvel angle me tira un cri.

— Chut, bébé. On ne peut pas crier ici, me rappela-t-il.

Pourtant, cela ne l'empêcha pas de recommencer. « Douce torture », c'était exactement ça. J'avais envie de crier, d'extérioriser la tension merveilleuse qui tiraillait mon corps. Mark accéléra, signe qu'il était proche de la délivrance lui aussi. Il se retira cependant, et je faillis hurler de frustration. Il s'assit sur le canapé et m'attira sur ses genoux.

— Mène, m'ordonna-t-il.

Il guida son sexe en moi, calant sa tête entre mes seins. J'ondulai des hanches, la pointe de mes seins, ultra-sensible, frottant contre son torse. Ses mains se refermèrent sur mes fesses et je le sentis bouger à son tour, grognant son plaisir contre ma peau. J'ondulais de plus en plus vite, mes mains se baladant sur mon corps. Pour la première fois de ma vie, je me caressais devant un homme. Son regard s'écarquilla et il passa sa langue sur ses lèvres.

— Continue, m'encouragea-t-il en posant sa main sur une des miennes.

Il me guida vers mes seins, me pénétrant de ce regard incendiaire qui ne le quittait plus. Gardant ma main dans la sienne, il la posa sur ses lèvres, l'embrassa et la reposa sur mon ventre, avant de la faire descendre lentement entre mes cuisses.

— Mark, murmurai-je, réalisant ce qu'il voulait.

Son regard m'invita à continuer et il bougea le bassin plus vivement, me tirant un nouveau cri. Alors, mes doigts effleurèrent son sexe, puis le mien. Je me caressai doucement, le plaisir explosant derrière mes paupières closes. Mark grogna mon prénom et je rouvris les yeux. Il libéra ma main, s'écarta légèrement, attrapa mon visage entre ses mains et m'attira contre ses lèvres.

— Maintenant, Anna, chuchota-t-il, les dents serrées.

Dans un dernier baiser et un dernier mouvement frénétique de nos bassins, j'explosai autour de lui, le sang battant dans mes tempes. Ma tête se nicha dans le creux de son épaule, pendant que mon corps s'effondrait contre le sien. Je sentis Mark se tendre, puis grogner lourdement mon prénom, avant de jouir en moi.

Appuyée contre son torse, je devinais les battements de son cœur. Une cadence infernale, entêtante, synchrone à la mienne. Sa main passa sur mon dos, avant de me serrer contre lui. L'étreinte dura des minutes, peut-être même des heures.

Mais, alors que mes paupières s'alourdissaient, Mark bougea et nous fit allonger sur le canapé. Il s'installa derrière moi, sa main sur mon ventre et je m'endormis dans l'instant, ses lèvres caressant, sans l'embrasser, mon épaule nue.

Nous nous dirigions vers le tableau d'affichage des vols au départ. L'aéroport avait rouvert, la parenthèse était en train de se refermer. De notre nuit ne persistaient que cette chanson des Beatles, le sourire géant d'Elizabeth et une sensation de picotement au bout de mes doigts. Comme s'ils s'étaient imprégnés du corps de Mark, comme s'ils en avaient dévoré le tatouage que je n'avais cessé de caresser depuis mon réveil contre lui.

— Mon vol est annoncé, souffla-t-il.

— Tu rentres à la maison, commentai-je.

— Toi aussi. Juste après, regarde.

Effectivement, le vol sur lequel j'avais été reprogrammée décollait deux heures après le sien. Nous n'avions plus de temps, notre capital était épuisé. Je m'accroupis devant Elizabeth, qui m'offrit un sourire éblouissant. Sûrement que la peluche de Winnie l'Ourson que j'avais dégotée dans une boutique y était pour quelque chose.

— Prends bien soin de ton papa, lui demandai-je, très sérieusement.

— Tu viendras nous voir ? s'enquit-elle. Tu as promis !

— J'ai promis. Je viendrai, assurai-je.

Elle entoura ses bras menus autour de mon cou et me serra de toutes ses forces. Je lui rendis son étreinte, passant ma main dans ses cheveux toujours maintenus par mon élastique. Je me redressai et, spontanément, je me réfugiai dans les bras de Mark. En silence, alors que les larmes me piquaient les yeux, il me prit contre lui et posa un baiser tendre sur mon front.

— Rentre bien, murmurai-je.

— Toi aussi. Si jamais tu passes par Seattle... voici ma carte, proposa-t-il, un peu gêné.

— Je viendrai. Parce que j'ai promis et parce que j'aime tes cours de danse.

Il sourit largement et pressa ma main dans la sienne. Je sentis une vague de chaleur familière se diffuser dans mon corps, cette chaleur qui me faisait me sentir bien.

— Prends soin de toi.

J'opinai, la gorge serrée, incapable de donner le change. Il me fixa et, comme la première fois que je l'avais vu, son regard franc et sincère me paralysa. Ma gorge se serra et je ravalai un inexplicable sanglot. Je ne comprenais rien de ce que j'éprouvais. J'étais à la fois bien et à la fois... au trente-sixième dessous.

— Liz, on y va.

— On va retrouver tante Abby ! s'extasia-t-elle.

— Tante Abby est très pressée de te voir, confirma-t-il en prenant la main de Liz dans la sienne.

Il m'offrit un dernier sourire et m'embrassa sur la joue.

— Au revoir, Anna, chuchota-t-il, sa voix vibrant sur ma peau. Rentre bien chez toi. Et joyeuse Saint-Valentin.

— Joyeuse Saint-Valentin à toi aussi.

Quand il s'éloigna finalement, je pris le temps de regarder leurs deux silhouettes disparaître. Je n'entendais plus que le rire d'Elizabeth, même au-dessus du brouhaha et des annonces de vol.

Ma main se referma violemment sur ma valise, la serrant à m'en faire mal.

*
* *

Après une attente interminable à l'aéroport et un vol chaotique, bercée de turbulences et de souvenirs de la nuit dernière, j'arrivais finalement à New York. J'avais toujours ces sanglots cadenassés dans ma poitrine, mes doigts picotaient toujours, et je ne cessais de me pincer les lèvres comme pour me rappeler le contact des siennes.

Erik doit m'attendre, songeai-je en descendant de l'avion. Je soufflai lourdement, le soulagement d'être chez moi me gagnant finalement. L'air humide et frais me fouetta le visage.

— Un taxi, mademoiselle ? me proposa un homme à la sortie.

— Non. On m'attend.

Au loin, je distinguai cette silhouette que j'aurais pu reconnaître en pleine nuit. Un sourire éclaira mes lèvres, le premier en... presque une journée entière d'attente et de voyage.

— Que me vaut ce sourire ? demanda Erik avant de m'étreindre contre lui.

— Toi. Tu me fais sourire, lui fis-je remarquer.

Il enroula son bras autour de mes épaules, m'entraînant brutalement sur la droite en direction d'un des bars de l'aéroport. Je m'installai à une des tables, tandis qu'Erik prévenait par téléphone notre père de mon arrivée. J'enfonçai mes mains dans les poches de mon manteau, à la recherche de mon portefeuille. J'y retrouvai la carte de visite de Mark — carte de visite professionnelle — avec au dos le dessin de cinq étoiles familières. Un sourire éclaira mon visage et machinalement je passai mes doigts sur la carte.

— Comme d'habitude ? s'enquit Erik, debout face à moi.

— Oui, répondis-je sans réfléchir avant de me reprendre. Attends, Erik ?

— Oui ?

— Je vais plutôt prendre un chocolat. Le café, ce n'est vraiment pas bon pour la santé.

Il fronça les sourcils, mais ne rétorqua rien. Je refermai ma main sur la carte de Mark et la rangeai dans mon sac parmi mes souvenirs précieux.

Ma vie sous tes étoiles

— Papa ?

Je me frottai les yeux, ébloui par la douce lumière du jour filtrant à travers les volets. Hier soir, la fatigue de mon corps avait finalement gagné la partie contre mon cerveau hyperactif mais mon sommeil avait été trop agité pour être salvateur. Je me redressai légèrement, devinant Elizabeth dans l'entrebâillement de la porte. Son doudou à la main, ses cheveux fous encadrant son visage, elle avait un petit sourire sur les lèvres. Ce fameux sourire qui me faisait oublier la fatigue et les souvenirs qui me hantaient.

— Viens par là, murmurai-je, en soulevant ma couette.

Elizabeth vint se lover contre moi, calant son

doudou entre nos corps. Je passai ma main dans ses cheveux, tentant de démêler la masse de boucles. Je fermai les yeux, et sentis ses pieds glacés effleurer mes cuisses.

— Tu as encore dormi les pieds à l'air, la grondai-je gentiment.

Elle rit doucement, avant de poser franchement ses petits pieds contre moi. Un frisson me parcourut et je la serrai un peu plus contre moi. C'était notre habitude matinale, Liz venait dans mon lit, posait sa tête contre mon torse, réchauffait ses pieds, tout en dessinant les étoiles tatouées sur mon torse.

Et généralement, son ventre gargouillant nous rappelait à la réalité trépidante de nos vies.

— Petit déjeuner ? demandai-je en entendant son estomac.

— Des crêpes ?

— Crêpes ce week-end, c'est promis. Ce matin, c'est céréales, dis-je en me levant du lit.

— Grand-mère fait toujours des crêpes quand je dors chez elle.

— Grand-mère te ferait ranger ta chambre tous les jours si elle vivait ici. Tu veux vraiment que je lui demande de venir te faire des crêpes ?

Elle grimaça, réfléchissant à toute vitesse à ma proposition, avant de sortir du lit. Son doudou toujours contre elle, elle haussa les épaules, se résignant à son sort.

— Au chocolat ? tenta-t-elle.

— Va pour le chocolat.

Elle me suivit en cuisine et m'aida à dresser la table pour notre petit déjeuner. Je me servis un jus de fruits, pendant qu'elle versait, avec plus ou moins d'adresse, ses céréales dans son bol Winnie l'Ourson. Vivre avec ma fille m'avait appris à avoir des rituels. La regarder manger, à genoux sur sa chaise devant l'îlot de la cuisine, pendant que je sirotais mon jus de fruits face à elle en faisait partie.

— Tu viens me chercher à l'école ce soir ? m'interrogea-t-elle, les lèvres couleur chocolat.

— C'est tante Abby ce soir, mon cœur. Je viendrai te récupérer à la boutique.

— Ça veut dire que je peux prendre une Barbie ?

La lueur de joie dans son regard me fit rire. Depuis peu, ma sœur apprenait à Elizabeth à confectionner des vêtements à sa Barbie. Vêtements invariablement déclinés dans toutes les nuances de rose possibles.

— Oui, tu peux, acquiesçai-je. Finis tes céréales, si tu ne veux pas être en retard à l'école.

Pendant que Liz se brossait les dents, je préparai ses vêtements sur le lit, tentant de me souvenir des conseils scrupuleux de ma sœur. Le temps était catastrophique, de cette pluie grise et serrée qui vous fait aussitôt rêver d'îles lointaines et ensoleillées.

J'aidai ma fille à mettre ses collants en laine. Abby me tuerait sûrement en voyant qu'ils remontaient jusqu'à sa poitrine. Après m'être habillé d'un jean usé et d'un vieux T-shirt parsemé de trous au niveau du col, j'attaquai la tâche la plus rude de ma vie de père célibataire : démêler les cheveux de ma fille sans la faire hurler.

J'assis Elizabeth sur l'îlot de la cuisine, m'armant de sa brosse à cheveux et de son spray démêlant. Le parfum vanillé du produit flotta autour de nous, me tirant un sourire triste. Désormais, j'associais cette odeur à une autre femme que ma fille.

— Tu as pris un élastique ?

Elle leva la main, m'en tendant un que je reconnus immédiatement. Je le pris entre les dents tandis que ma brosse accrochait un nœud un peu plus coriace. Elizabeth laissa échapper un petit cri de douleur.

— Pardon, mon cœur. J'ai presque fini.

Je rassemblai son impressionnante masse de cheveux dans mon poing, avant de passer l'élastique. Le souvenir d'Anna imitant ce geste avec une surprenante tendresse resurgit brutalement. Sûrement que l'association de la vanille, de l'élastique et de la peluche de Winnie l'Ourson qui trônait sur une des chaises de la cuisine faisait remonter à la surface tout ce que je cherchais à enfouir depuis plusieurs jours.

— Fini ! proclamai-je en soulevant Liz dans mes bras pour la poser au sol. Va prendre ton sac.

— Je peux mettre mes ballerines ?

— Pas avec ce temps. Mets tes bottes.

— Mais tante Abby dit que cette robe va avec des ballerines.

— Et tante Abby ne se lève pas la nuit pour calmer ta fièvre quand tu as attrapé froid. Mets tes bottes ! lui intimai-je avec autorité.

Elle bougonna, mais s'exécuta. Assise à même le sol, elle enfila ses bottes docilement, avant d'aller chercher son sac et sa parka. Je jetai un nouveau coup d'œil à la fenêtre. Ce n'était pas aujourd'hui que j'allais avancer sur le chantier Johnson.

Il pleuvait des trombes d'eau, quand je conduisis Elizabeth à son école. Je me garai juste devant, au plus près de l'entrée. Elizabeth poussa un petit soupir, regardant la pluie s'abattre sur le pare-brise avec une petite moue dépitée.

— Je vais te porter jusqu'à l'entrée, lui indiquai-je en pivotant vers elle, sur la banquette arrière.

— Mme Emming nous regarde, dit-elle dans une grimace adorable.

— Elle doit nous attendre.

Elizabeth leva les yeux au ciel, avant de secouer la tête. A travers l'eau dégoulinant sur la voiture, je devinais une petite silhouette vêtue de bleu. La maîtresse d'Elizabeth avait très certainement dix ans de moins que moi, une alliance en plus et un sourire à faire rêver la plupart des chirurgiens-dentistes du pays. A l'opposé exact de mon idéal féminin.

— Tante Abby dit qu'elle te regarde comme du chocolat.

J'éclatai de rire, songeant tout de même à sermonner ma sœur pour son sens de la formule. Je n'osais imaginer le genre de conversation qu'elles avaient dans mon dos. Mais, effectivement, la maîtresse regardait dans notre direction fixement, réajustant sa jupe un peu trop courte pour être honnête.

— Tante Abby dit ça ?

— Oui. Parce que Mme Emming veut te croquer, continua-t-elle, déclenchant une nouvelle vague de rire.

— Tu n'aimes pas Mme Emming ? l'interrogeai-je les larmes au bord des yeux.

— Elle me parle comme si j'étais un bébé... Et elle demande toujours si tu viens me chercher à l'école. Et elle sent bizarre, ajouta-t-elle en plissant le nez.

— Sois gentille avec elle, dis-je finalement en remontant la capuche d'Elizabeth sur sa tête.

Elle haussa les épaules dans un petit sourire énigmatique. Elizabeth pouvait être une véritable chipie ; qualité entretenue, développée et défendue par ma très chère sœur. Je redoutais ce que leurs deux esprits retors pouvaient imaginer.

Je descendis de la voiture, la contournai et ouvris la portière arrière. Je détachai Elizabeth et la pris dans mes bras, avant de courir sous la pluie battante jusqu'à l'entrée de l'école.

— Bonjour, monsieur Adams, bonjour, Elizabeth, sourit la maîtresse de manière presque effrayante.

— Bonjour, madame Emming, soufflai-je en posant ma fille.

— Le temps est vraiment catastrophique, constata-t-elle. Va retirer ton manteau, Elizabeth. Nous allons commencer par une lecture. D'ailleurs, monsieur Adams, je compte organiser des sessions de lecture des parents pour les enfants.

— Vous voulez que je vienne lire une histoire ? demandai-je pour m'assurer d'avoir tout compris.

— Exactement. Nous commençons ce vendredi. Je serais ravie de vous laisser commencer, murmura-t-elle en calant une mèche de cheveux derrière son oreille.

— Euh... Oui. Pourquoi pas ?

Elizabeth revint vers moi, me demandant de débloquer la fermeture de sa parka. Avant que j'aie le temps de réagir, sa maîtresse s'agenouilla et l'aida. Je vis le nez de ma fille frémir et fronçai les sourcils pour lui intimer d'être sage. Je me mis à la hauteur de Liz et l'embrassai une dernière fois.

— Bonne journée, mon cœur. Ma sœur viendra prendre Liz ce soir, indiquai-je à la maîtresse.

— Oh... Parfait.

C'est à cet instant que je compris ce que voulait dire Elizabeth.

Le parfum de cette femme.

Alors que ma fille filait en direction de la salle de classe, je tentai d'identifier cette étrange fragrance. Du café, sans aucun doute. Personnellement, je détestais cette odeur et étais capable de la détecter à des kilomètres. Et cette association bizarre, un peu piquante, entêtante, presque capiteuse, entre un parfum industriel bas de gamme et la persistance d'un désinfectant pour les mains. C'en était suffocant.

— Bonne journée, madame Emming, dis-je en fuyant vers ma voiture.

Je courus de nouveau sous la pluie, regagnant avec soulagement l'habitacle chauffé de ma voiture. La silhouette de la maîtresse de ma fille avait disparu et je sentis un vague frisson d'horreur me parcourir l'échine. Abby et Elizabeth avaient peut-être raison.

La voix tonitruante de Josh m'accueillit dans notre bureau d'études. Penché sur sa table de travail, un crayon coincé derrière l'oreille, il massacrait Bruce Springsteen. Je secouai la tête, l'observant s'agiter dans un rythme effréné. Malgré tout, il avait cet air concentré, caractéristique de lorsqu'il travaillait sur un plan. Je baissai le son de la radio pour lui faire comprendre qu'il n'était plus seul.

— Bonjour, Bruce, lançai-je tout sourire.

— Je vois que tu as mis tes habits de lumière, railla-t-il en me détaillant.

— Je construis des maisons, tu m'excuseras si ma manucure n'est pas parfaite. Par ailleurs, depuis quand portes-tu la barbe ?

— Ça arrive quand on découche. Mais tu as sûrement oublié ce genre de détail.

— Comment le pourrais-je avec un homme dont le but ultime est de baptiser toutes les femmes de l'Etat ?

— Et crois-moi, elles en redemandent.

— Epargne-moi les détails.

Il me jeta un calepin au visage, manquant

de m'éborgner. J'attrapai maladroitement le carnet et le fusillai du regard.

— Becca est disponible ce soir, annonça-t-il. Je t'assure qu'elle vaut le détour jusqu'au centre-ville.

— J'attends le jour où une femme te fera ramper devant elle, ironisai-je en lui relançant son calepin.

— La prophétie maya ne s'est pas produite, la tienne n'a donc aucune chance de se réaliser.

— Pas avec cette odeur puante autour de toi, approuvai-je. Même pas une douche ?

— C'était la douche ou la gâterie matinale. Je n'aime pas vexer les dames, tu le sais, sourit-il.

Je soupirai tout en m'installant à ma table de travail. J'avais commencé le dessin d'une nouvelle maison et j'espérais que ce projet aboutirait avant la fin de l'été prochain.

— Comment va Mme Emming ? m'interrogea-t-il avec un sourire entendu.

— Je vais finir par interdire à Abby de venir ici en mon absence.

— Pour revenir dans la course et reprendre le rythme, mieux vaut commencer par ce genre d'occasion.

— Elle est mariée !

— De mieux en mieux. Aucune chance qu'elle te demande un quelconque engagement.

— Tu es... un sale type, finis-je dans un rire.

— Vois ça comme une œuvre humanitaire. Elle est mariée et doit s'ennuyer. Franchement, l'idéal pour reprendre du service.

— Tu crois vraiment tout savoir de moi ? lançai-je en espérant couper court à cette dérangeante conversation.

J'allumai ma lampe de bureau, dirigeant le faisceau de lumière sur le plan devant moi. J'eus à peine le temps de tracer un premier trait que les larges mains de Josh se posèrent violemment sur ma table.

— Qui ? demanda-t-il.

— Qui quoi ? fis-je sans comprendre.

— Avec qui as-tu couché ? Je la connais ?

— Le monde ne tourne pas autour du sexe, Josh.

La stupéfaction gagna son visage et il s'écarta de la table. Son regard s'éclaira et, à mon corps défendant, je sentis un léger rougissement s'emparer de mes joues. Je n'avais aucune raison d'avoir honte de mon comportement avec Anna, aucune raison de regretter ce que nous avions fait, mais comme chaque fois que le souvenir de son corps nu au-dessus du mien resurgissait dans mon esprit, j'avais la sensation de partager notre secret.

— Jenny ? demanda-t-il dans un murmure.

— Josh, je...

— Tu as couché avec Jenny. C'était quoi ? Un moment d'égarement ?

— Je n'ai pas couché avec Jenny, criai-je finalement, submergé par l'agacement.

Mon associé leva les mains devant lui en signe de reddition, avant de se réinstaller en silence à sa table. Mon accès de colère disparut dans l'instant, laissant place à une vague de culpabilité. Depuis notre retour de Norfolk, et surtout depuis ma nuit avec Anna à Chicago, j'attendais qu'elle tienne sa promesse. J'attendais depuis un mois qu'elle me donne un signe de vie. A l'attente avaient succédé la déception et maintenant l'amertume.

Quelque chose en elle m'avait aussitôt attiré, séduit, puis conquis. Peut-être son rire si léger, ou cette cicatrice sur son menton. Non, je me mentais : j'avais été séduit à l'instant même où elle avait posé les yeux sur Elizabeth quand elle choisissait un livre. Pour une femme qui ne se sentait pas prête à avoir des enfants, elle avait pourtant eu des gestes que Jenny n'avait jamais eus pour notre fille.

— Désolé, m'excusai-je. Je suis juste... fatigué.

— Tu veux... parler ? proposa-t-il, un peu hésitant.

— Josh, tu es le dernier que je viendrais voir pour me confier ! m'esclaffai-je.

— Tant mieux. Tu es certain pour Becca ? demanda-t-il en montrant de nouveau son calepin.

— Absolument certain, souris-je.

C'était Anna que je voulais. C'était son parfum que je voulais sentir. Je fermai les yeux une courte seconde, mes poings se serrant durement sur mon bureau. Pour la première fois depuis Chicago, je réussis à ne pas refouler ce que je ressentais. Cette petite douleur dans la poitrine, ces rêves la mettant en scène, mes soirées solitaires passées à me demander si elle était heureuse. Je voulais qu'elle soit heureuse, mais ça me faisait mal qu'elle le soit sans moi.

Ou avec un autre.

Imaginer Anna avec un autre homme me tira un soupir désespéré et une résolution nouvelle. Etre dans l'attente me rendait dingue et me plongeait dans une humeur maussade. Pendant longtemps, je m'étais caché derrière mon statut de père célibataire pour fuir une nouvelle relation. Si je pouvais gérer une déception amoureuse, je redoutais de pouvoir gérer la peine d'Elizabeth. J'avais appris à la garder dans un cocon familier, m'entourant de ma famille, de Josh, de repères stables. Depuis ma rencontre avec Anna, je réalisais que ce cocon confortable était devenu une sorte de prison.

Le soir même, après avoir finalisé un des plans de mon nouveau projet, je décidai de m'accorder une chance. Anna n'avait donné aucune nouvelle, mais je refusais de la laisser partir. J'appelai Abby alors que je me dirigeais vers ma voiture.

— Ça te dérange de garder Elizabeth pour la nuit ?

— Des ennuis ? s'inquiéta-t-elle.

— Je dois... trouver quelqu'un.

— A cette heure-ci ?

— C'est compliqué. Prends la clé de secours et occupe-toi de Liz s'il te plaît. Je te raconterai tout en rentrant.

Je raccrochai sans lui laisser le temps de me soutirer d'autres informations. La pluie tombait toujours, plus fine cependant, assombrissant le ciel de Seattle. Je conduisis jusqu'au centre-ville, me garai à proximité de l'hôtel Hilton. C'était la seule chose que je savais d'elle, je n'avais même pas son nom de famille. Si cette piste ne fonctionnait pas, il me resterait à prendre un aller simple pour New York et à retrouver son frère chez les Yankees.

Le groom à l'entrée de l'hôtel grimaça en me voyant franchir le seuil. Avec mon T-shirt troué et mon jean usé jusqu'à la corde, je n'avais pas le dress-code adéquat pour ce genre d'endroit. Le hall, d'un calme presque oppressant, était grandiose. Le marbre, l'éclairage, les décors, les sièges en velours savamment disposés... L'endroit était superbe, et la sensation de faire tache au milieu de ce luxe ostentatoire m'étrangla un peu plus.

— Monsieur ? fit une voix derrière moi. Puis-je vous aider ?

— Bonsoir, soufflai-je. Je... Ecoutez, ma demande va sûrement vous paraître dingue, mais je suis à la recherche d'une femme qui travaille pour les hôtels Hilton.

— Monsieur, je suis désolé mais...

— Elle est au service qualité. Elle voyage beaucoup, enchaînai-je en devinant que l'employé ne m'aiderait sûrement pas.

— Même si...

— Elle s'appelle Anna, elle est brune, très jolie. Elle habite New York, continuai-je en sentant le peu de courage qui m'avait animé m'abandonner.

— Monsieur, je vais vous demander de sortir. La politique de l'hôtel est de ne pas donner d'informations personnelles sur ses employés.

— Dites-moi juste... Je ne sais pas... Est-ce qu'elle travaille toujours pour Hilton ?

L'employé resta silencieux et secoua la tête. Il décrocha son téléphone, certainement pour appeler la sécurité. Je reculai vers la sortie de l'hôtel, avec la sensation d'avoir gâché ma seule chance de retrouver Anna. Parvenu sur le trottoir, je serrai les poings, retenant toute la colère qui était en train de me gagner. La pluie ruisselait sur moi, anesthésiant peu à peu mon corps. Même après le départ de Jenny, je n'avais jamais ressenti autant de frustration et de désespoir. Pourquoi ne lui avais-je pas demandé son numéro ? Ah oui, pour lui laisser le choix. Définitivement, la décision la plus juste et la plus stupide de toute ma vie.

Je rentrai chez moi dans un état second, perdu entre rage et lassitude. Il me restait l'option de son frère, d'aller à New York. Si l'idée m'avait paru farfelue hier soir, elle me semblait maintenant la seule solution pour la retrouver.

— Elizabeth m'a parlé d'une Anna, tenta ma sœur, à peine eus-je franchi la porte.

Je poussai un soupir, refusant de subir un interrogatoire en règle de la part de ma sœur, l'ignorai donc et me dirigeai vers la salle de bains. Abby me fixa, appuyée sur le chambranle de la porte de la salle de bains, pendant que je frictionnais nerveusement mes cheveux. Je lui lançai un regard glacial, ignorant sa question.

— Papa a senti que quelque chose n'allait pas depuis ton retour. Est-ce que Jenny... ?

— Jenny n'a rien à voir avec ça, ripostai-je aussitôt. Elizabeth dort ? m'inquiétai-je en sortant de la salle de bains.

— Depuis deux heures. Mark, tu sais que tu peux me parler si tu veux.

— Je sais, Abby. C'est juste que je ne veux pas partager ça. Tu ne comprendrais pas.

— Je ne comprendrais pas ? répéta-t-elle, un peu vexée.

J'entrai dans la chambre de ma fille, et repérai son visage légèrement éclairé par les étoiles tapissant son plafond. Je remontai la couette sur elle et m'assurai que ses pieds étaient convenablement couverts. Je déposai un baiser sur son front, passant mes doigts dans sa chevelure folle. Je sentis le regard d'Abby sur ma nuque, mais choisis de faire durer ma caresse. Ma fille savait m'apaiser et me rendre le sourire.

— Elle a été adorable, murmura Abby.

— Elle est parfaite, acquiesçai-je. Merci de t'être occupée d'elle.

Je ressortis de sa chambre, un peu moins tourmenté. Ma sœur me fixait, attendant une explication. Je secouai la tête, répondant silencieusement à sa question. Je n'étais pas d'humeur à subir un interrogatoire.

— Je vais rentrer, soupira-t-elle en enfilant son manteau. Appelle-moi si tu as besoin.

Elle déposa un baiser sur ma joue et disparut par la porte. Je m'effondrai sur le canapé et mon jean humide vint se coller à mes jambes. Je retirai mon T-shirt et allai dans ma chambre pour récupérer un vieux sweat gris.

— Pas brillant, Adams, me morigénai-je en allant dans la cuisine.

Mon téléphone portable vibra — sûrement un appel de Johnson pour s'enquérir des avancées de la construction de sa maison. Je fronçai les sourcils, espérant un temps plus clément pour le lendemain.

— Mark Adams, répondis-je en regagnant le salon.

— Bonsoir, murmura une voix féminine.

Je m'arrêtai net, sentant mon corps réagir instantanément. Mes doigts se crispèrent plus fort sur mon téléphone, mon ventre se contracta douloureusement et mes jambes lâchèrent. Je finis par tituber jusqu'à mon fauteuil, incrédule.

— C'est Anna.

— Je t'avais reconnue, admis-je. Co... Comment vas-tu ?

— Bien. Je... Je vais bientôt passer par Seattle et je voulais savoir si on pouvait se voir. Pour un chocolat, précisa-t-elle avec une pointe d'humour dans la voix.

— Bien sûr. Elizabeth sera ravie de te voir.

— Comment va-t-elle ?

— Bien. Elle dort à poings fermés.

Il y eut un court silence, presque gênant. J'entendais à peine son souffle. Je me repris, décidé à briser la glace.

— Je pensais que tu appellerais plus tôt, fis-je avec franchise.

— J'ai dû régler certaines choses. Je ne voulais pas m'imposer, tu devais être en famille.

— Je suis tout le temps en famille, Anna. Je suis content de t'entendre.

— Je suis contente aussi. Je... Ta voix me manquait pour être honnête.

Ma poitrine se comprima quelques secondes. Je fermai les yeux, ma solitude me pesant encore plus lourdement ce soir. L'entendre était finalement plus douloureux que son absence.

— Est-ce que tu regrettes ? l'interrogeai-je finalement.

— T'ai-je donné cette impression ?

— J'entends ton sourire, murmurai-je.

— Parce que tu es drôle.

— Non, tu ne m'as pas donné cette impression, avouai-je. Mais je suis content de voir que tu vas tenir ta promesse. Liz va... adorer ça.

— Liz est au centre de notre rencontre, constata-t-elle.

— C'est vrai. J'ai tendance à la mettre au centre de ma propre vie, admis-je.

— Je l'avais compris. Elle est adorable, j'ai souvent pensé à vous dernièrement.

— Souvent ?

— Très souvent. Peut-être trop souvent, même.

— Comment peut-on penser trop souvent

à quelqu'un ? lui demandai-je en comprenant exactement ce qu'elle ressentait.

— Ça ne t'arrive jamais ?

— Si. J'ai souvent pensé à toi dernièrement.

— Souvent ? s'amusa-t-elle.

— Chaque nuit.

Elle eut un léger rire, un peu nerveux. J'avais la sensation d'étouffer, d'avoir la cage thoracique coincée dans un étau horrible.

— Où es-tu ? demandai-je finalement. New York ? Miami ? Sur un des lits d'un Hilton d'aéroport ? ris-je.

— Seattle.

Je me redressai brutalement, mon estomac remontant jusqu'à ma gorge. Ma bouche s'asséchа et je passai une main sur mon visage, assimilant l'information. Elle était là. Dans la même ville.

— Seattle ? répétai-je pour m'assurer que je n'avais pas rêvé.

— J'avais ta carte et... Disons que, je me suis dit que... En fait, je voulais sonner, mais vu l'heure, j'étais certaine qu'Elizabeth dormait.

Brutalement, il me sembla que mon monde s'arrêtait net. Ma respiration se coupa, pendant que mon cerveau analysait à une vitesse hallucinante ce qu'elle venait de dire.

— Mark ? souffla-t-elle.

Sa voix me tira de ma réflexion. Je fonçai jusqu'à la porte d'entrée, mon cœur s'affolant dans ma poitrine. Cette fois-ci, j'étais déterminé à ne plus la laisser partir. A la garder ici, à coller des étoiles sur mon plafond pour la rassurer, à faire l'impossible pour me réveiller chaque jour à ses côtés. J'arrachai quasiment la porte de ses gonds, découvrant Anna, humide de pluie, mais avec un sourire géant sur les lèvres. Elle rangea son portable dans la poche de son jean tandis que je la fixais intensément.

— Bonsoir, murmura-t-elle de nouveau, timidement.

— Bonsoir.

Nous nous fixâmes, comme si nous ne nous étions pas vus depuis des années. Ses cheveux légèrement mouillés retombaient sur son manteau. Elle se triturait nerveusement les doigts, son regard se détournant du mien pour y revenir quelques secondes plus tard.

— Est-ce que je peux..., bégaya-t-elle en désignant le couloir derrière moi.

— Oh oui. Bien sûr. Entre.

Je m'écartai vivement pour la laisser passer devant moi. Son parfum sucré flotta autour de moi, me ramenant à notre nuit ensemble. Elle retira son manteau et je l'y aidai, agrippant le col pour faire glisser le vêtement sur ses bras.

— J'espère que je ne dérange pas.

— Anna, je suis père célibataire d'une fillette de cinq ans. Je passe mes soirées sur mon canapé, avec, les jours de fête, une bière fraîche. Tu ne me déranges absolument pas.

Elle risqua un sourire hésitant pendant que j'accrochai son manteau à la patère derrière la porte. D'un signe de la main, je l'encourageai à avancer pour la guider vers le salon. Son regard balaya la pièce, ses lèvres s'étirant dans un sourire désormais familier.

— La maison, souffla-t-elle, avec une lueur de joie dans le regard.

Je l'observai errer dans la pièce, passant sa main sur les meubles, regardant les photos d'Elizabeth, s'amusant de notre collection de boules à neige.

— Chicago ? demanda-t-elle, en soulevant une des boules.

— Chicago. Même si je dois admettre que je n'avais pas vraiment besoin de ça pour me souvenir de ce que j'ai vécu là-bas, ajoutai-je en avançant lentement vers elle.

Ses doigts se serrèrent un peu plus autour du verre, pendant que son regard trahissait une forme de crainte. Elle secoua la boule, révélant les grains blancs qui flottaient au-dessus des gratte-ciel miniatures de Chicago.

— La tempête du siècle, murmura-t-elle.

— Ce n'est pas ce à quoi je pensais, dis-je en lui faisant face.

Si elle comprit mon sous-entendu, elle ne

le releva pas. Elle reposa la boule à neige sur le meuble et, prudemment, posa ses mains contre mon torse. Ce léger contact fut presque douloureux, tant il était furtif. Je me penchai légèrement vers elle, sentant le parfum de son shampooing gagner mes narines. J'hésitai à la prendre dans mes bras, à lui faire comprendre qu'elle ne risquait rien ici mais, avant que je puisse agir, elle recula, reprenant son exploration.

— Je suis allé à l'hôtel aujourd'hui, avouai-je dans un murmure à peine audible.

— Ah oui ? s'étonna-t-elle en me tournant le dos.

— Ce n'est pas pour ça que tu es ici ?

— Non. Pas du tout. J'ai dit à Elizabeth que je tenais mes promesses. Alors je suis venue.

Elle se tourna vers moi, son visage faiblement éclairé par une des lampes du salon. Elle revint vers moi, s'humectant les lèvres tandis que ses yeux tentaient désespérément de soutenir, en vain, mon regard.

— Pourquoi es-tu allé à l'hôtel ?

— Pour te trouver. Essayer du moins. Je n'avais que ton prénom. Par ailleurs, j'étais à deux doigts de prendre un vol pour New York pour trouver ton frère chez les Yankees.

— Très romantique, sourit-elle en se plantant devant moi. Prendre le risque de se retrouver de nouveau coincé dans un aéroport.

— J'ai fait une promesse moi aussi, murmurai-je.

Elle fronça les sourcils, cherchant dans sa mémoire le souvenir de ma promesse. J'ouvris un tiroir près de moi, recueillant dans le fond de celui-ci deux étoiles phosphorescentes. Le rire sonore d'Anna emplit la pièce, me tirant un premier sourire franc.

— Donc, tu comptais... débarquer chez moi pour... mettre des étoiles ?

— Pourquoi pas ? Tu n'as plus peur du noir ?

— Si. Mais ce ne sont pas ces étoiles-là qui me rassurent.

De nouveau, elle posa les mains sur mon torse, plus franchement cette fois, puis sa tête. Elle devait sûrement entendre le rythme frénétique de mon cœur, comme elle avait sûrement remarqué le soupir d'aise qui m'avait échappé en la sentant contre moi. En une seconde, j'étais apaisé, serein, enveloppé dans son parfum. Sa main se plaça à l'endroit où j'avais mon tatouage, serrant le tissu entre ses doigts.

Notre étreinte dura plusieurs minutes, seulement troublée par le bruit de la pluie qui frappait les carreaux. Quand elle s'écarta de moi, les joues rouges et le sourire aux lèvres, j'aurais pu jurer n'avoir jamais rien vu de si beau.

— Est-ce que tu veux boire quelque chose ? lui demandai-je finalement.

— J'ai arrêté le café, murmura-t-elle contre moi.

J'étouffai un rire, lui proposant un chocolat chaud. J'avais encore du mal à cerner les motifs de sa visite. Et si elle ne venait que pour tenir une promesse faite à Elizabeth, la désillusion allait être vraiment cruelle. Je la repoussai doucement, à peine suffisamment pour qu'elle soit vraiment détachée de moi. Je pris sa main dans la mienne et l'amenai dans la cuisine.

— Installe-toi, lui proposai-je en désignant un des tabourets autour de l'îlot.

— Winnie l'Ourson veille sur ta cuisine ? s'amusa-t-elle.

— Et sur ma fille. Elle a dû l'oublier avant d'aller au lit.

Je m'activai sur le plan de travail, versant le lait dans une casserole, avant de casser du chocolat en morceaux. C'était ainsi qu'Elizabeth aimait son chocolat du soir. Je mis le lait à chauffer, glissant deux morceaux de chocolat pour les faire fondre. Je me tournai pour faire face à Anna, mais réalisai que la pièce était vide. Winnie aussi avait disparu, me donnant ainsi une piste pour retrouver Anna. Je me dirigeai vers la chambre de ma fille, repérable entre toutes avec son prénom en lettres géantes sur la porte, et trouvai Anna installant Winnie près de ma fille.

Elle sentit ma présence et se tourna vers moi, posant son index contre ses lèvres. Elizabeth dormait paisiblement, ses cheveux éparpillés autour d'elle. Anna posa un baiser furtif sur son front, remonta sa couette, couvrit ses pieds dans un rire contenu, avant de sortir de la pièce. Je me reculai à peine, la coinçant entre mon corps et la porte.

— Désolée, je n'ai pas pu résister.

— Je comprends, souris-je. Va t'installer dans le salon, mets-toi à l'aise.

— Mark, je... Je n'ai pas prévu de... rester.

Mon sourire s'effaça dans la seconde et il me sembla que mon cœur s'effritait. La désillusion était effectivement très cruelle.

— Tu... Tu as un vol à quelle heure ?

— Tu me fiches dehors ? s'étonna-t-elle avec humour.

— Tu viens de dire que...

— Mark, je n'ai pas prévu de rester chez toi ce soir. Je n'étais même pas certaine de te voir, ou certaine que tu veuilles me voir.

— Tu ne prends pas d'avion ?

— Sauf si tu y tiens absolument. Mais j'ai réservé une chambre d'hôtel.

Elle posa sa main sur ma joue, m'attirant un peu plus contre elle.

— Reste, murmurai-je, usé de lutter contre ce que je ressentais. Au moins, ce soir. Reste ici.

Sa main glissa sur ma nuque, chatouillant mes cheveux avant de plonger dans l'encolure de mon sweat. Un nouveau soupir m'échappa, sa paume fraîche réveillant mon corps de son engourdissement. Je soudai mon front au sien, ses pupilles accrochant les miennes.

— Sinon, je trouverai un moyen de te faire rester.

— Une menace ?

— Une promesse, corrigeai-je.

Mon regard obliqua vers ses lèvres, légèrement entrouvertes, presque indécentes. Sa respiration s'accéléra alors que je levais la main pour caresser sa bouche. Je passai la pulpe de mon pouce sur ses lèvres, les effleurant à peine, redécouvrant à quel point elles étaient douces.

— D'accord, murmura-t-elle. Je reste.

Elle embrassa doucement mon doigt, guettant mon regard comme pour s'assurer qu'elle en avait le droit. Je retirai ma main, sentis sa peau frémir sous la mienne, avant de poser mes lèvres contre les siennes. J'étais certain que ce baiser me donnerait la réponse à toutes mes interrogations, que la toucher m'en dirait plus que n'importe quelle discussion hasardeuse. Mon esprit débattait encore de la réalité de notre relation.

Ses lèvres appuyèrent à peine sur les miennes, une hésitation presque furtive. Malgré tout, je sentis un sourire s'épanouir sur ma bouche. La sentir, la toucher, la savoir près de moi me rendaient déjà heureux. Mes mains trouvèrent le creux de ses hanches, la gardant prisonnière de mes bras. Je l'embrassai de nouveau, avec plus de conviction pour la rassurer silencieusement sur mes intentions.

Un gémissement mourut entre nos lèvres et elle bascula légèrement la tête, me laissant accès à sa gorge. Ma bouche suivit la ligne de sa mâchoire, la mordilla légèrement dans le but avoué de la sentir frissonner de nouveau contre moi. Le manque que j'étais parvenu à étouffer prenait maintenant le pas sur ma raison. C'était elle, et pas une autre. Son parfum, et pas un autre.

Sa main remonta dans mes cheveux, les agrippa avec douceur, m'indiquant exactement où elle me voulait. Je pressai mon corps contre le sien et grognai sous la chaleur du sien. Ma bouche explorait son cou, l'embrassait avec douceur, grignotait sa peau, savourait la légère marque de succion qui commençait déjà à apparaître.

Quand je me redressai, pantelant et extatique, elle avait les yeux clos, la bouche entrouverte, quasiment abandonnée entre mes mains, contre cette porte. Je retrouvai sa bouche, ma langue caressant sa lèvre inférieure. De nouveau, elle fit ce petit son caractéristique à mi-chemin entre une supplique et un cri de joie.

Ses mains quittèrent ma nuque et s'enfouirent sous mon sweat, remontant dans mon dos. Je grognai dans sa bouche, ma langue dansant contre la sienne, ravivant le désir, l'envie et le besoin que j'avais d'elle. Je quittai ses hanches et glissai sur ses fesses emprisonnées dans son jean. Elle se pressa un peu plus contre moi, épousant mon corps. Je la soulevai avec douceur et ses jambes vinrent se crocheter autour de ma taille.

Je me détachai de ses lèvres pour dévorer son cou et m'abreuver de ses gémissements, seulement interrompus par les murmures de mon prénom. Ce n'est qu'en la sentant agripper mon sweat pour le retirer que j'eus un sursaut de raison.

— Pas ici, murmurai-je sur ses lèvres.

Elle plongea son regard sombre dans le mien et lécha ses lèvres gonflées par notre étreinte. Ses mains quittèrent mon dos, laissant un froid vicieux s'insinuer à la place. Elle reposa les pieds au sol et je remarquai un voile de déception recouvrir son visage. Je la gardai pourtant contre le mur, chassant, du bout des doigts, les cheveux qui la masquaient. Je déposai un baiser léger sur ses lèvres, avant de coller ma bouche contre son oreille.

— Si je pouvais, je te prendrais ici, tout de

suite et maintenant. Et ça, jusqu'à ce que tu n'aies plus un souffle de voix pour hurler mon prénom.

Je l'entendis déglutir et la peau de son cou se para de chair de poule. Je déposai un nouveau baiser, juste sur sa carotide palpitante.

— Mais pas devant la chambre de ma fille. Et pas si tu appartiens à un autre, ajoutai-je en m'assurant que son regard était bien soudé au mien.

— Tu m'as manqué, avoua-t-elle doucement.

— Tu m'as manqué aussi. Allons dans le salon, proposai-je.

Après avoir versé son chocolat dans un mug, je l'apportai à Anna, qui était en pleine contemplation de mes quelques photos de famille.

— C'est ma mère, expliquai-je en lui tendant sa boisson.

— Vous vous ressemblez.

Dans la pénombre, je devinai son sourire hésitant. Elle but une gorgée de son chocolat, son regard toujours fiché dans le mien. Quand elle posa son mug sur la table, je passai mon pouce au-dessus de sa bouche, effaçant une trace persistante de lait.

— Combien de temps restes-tu ? demandai-je.

— Tu tiens vraiment à ce que je parte !

— Au contraire. Mais j'ai besoin de savoir à quoi... m'attendre.

— Pourquoi ? murmura-t-elle en approchant de moi.

— Pour ne pas me sentir minable d'ici deux jours. Ou dévasté. Ou en colère.

— J'ai dit que j'allais tenir ma promesse, Mark. Tu n'avais aucune raison...

— Tu es venue pour elle ? la coupai-je, abruptement.

— Pour être honnête, c'est ce que je me serine depuis que j'ai pris l'avion. Je me trouve des prétextes, je me cherche des excuses, je... je me dis que tout cela n'est pas réel. Quand j'ai appelé, j'ai presque espéré que tu ne décroches pas.

— Pourquoi ? soufflai-je, médusé.

— Parce que... je n'ai jamais souffert du manque, Mark. Jamais. Je prends l'avion, je fais mon métier, je dors dans des hôtels, j'appelle mon père, mon frère, Jim. Mais jamais je ne souffre d'être loin d'eux, loin de chez moi. Jamais, sauf depuis toi. Sauf, avec toi, ajouta-t-elle, la voix étranglée.

Malgré moi, je sentis un sourire sur mes lèvres. Je pris la main d'Anna et l'attirai sur le canapé avec moi. Elle se cala contre un accoudoir pendant que je m'asseyais près d'elle.

— C'est comme si... j'avais découvert un monde et qu'on me l'avait confisqué brutalement. Je suis venue cinq fois à Seattle depuis... Chicago.

J'encaissai l'information, canalisant la colère sourde qui grondait en moi. Comment avait-elle pu ? Comment avait-elle pu venir ici et ne rien faire ? Je ne comprenais pas pourquoi elle avait tant attendu. Je comprenais encore moins comment elle avait pu nous faire perdre autant de temps. Elle s'approcha, encadrant mon visage de ses mains. Je la fixai ardemment, espérant comprendre ce qu'elle faisait ici.

— Pourquoi ce soir ? demandai-je.

— Ton regard, avoua-t-elle. Et tes mains. C'est ce qui me hante depuis tout ce temps.

— Uniquement mes mains ?

— J'aime tes mains et j'aime l'homme que tu es.

Elle caressa mes paumes, souriant d'un plaisir vrai et sincère. Ses doigts effleurèrent les petites callosités, me tirant un frisson. Je refermai ma main autour de la sienne et nos doigts s'entremêlèrent naturellement.

— Et j'aime la façon dont tu me regardes. Mais le manque... je t'ai détesté pour m'avoir fait connaître ça, sourit-elle.

— Je t'ai détestée aussi, soufflai-je en amenant sa main à hauteur de ma bouche pour l'embrasser.

— Tu ne peux pas m'avoir autant détestée que je t'ai détesté. C'est impossible.

— Je t'assure que c'est tout à fait possible.

Je t'ai détestée chaque nuit un peu plus fort. Et ça ne risque pas de se calmer avant un long moment.

— Comment fait-on alors ? Je veux dire pour gérer ça ?

— Le manque ? Je ne sais pas. On fait avec. Ça, ou je te ligote et je t'enferme quelque part dans cette maison.

— La seconde option est tentante.

— Ne me défie pas.

Elle se libéra de ma main et, sans rien dire, grimpa à califourchon sur mes cuisses. Son visage s'éclaira d'un sourire radieux, pendant que mes mains agrippaient ses jambes.

— Tu as encore ce regard, rit-elle.

— Quel regard ?

— Celui de Chicago.

— Oh... Celui qui dit « je veux cette femme », plaisantai-je.

— Tu me veux ?

— Anna, je n'ai jamais voulu quelqu'un autant que toi. Surtout maintenant que tu es... sur mes cuisses. Mais j'ai besoin de savoir.

— Savoir quoi ?

— Pourquoi as-tu mis autant de temps à venir ici ? Pas que l'idée me déplaise, corrigeai-je aussitôt, mais j'ai cru... j'étais persuadé que tu appellerais le lendemain.

— C'est un peu présomptueux, se moqua-t-elle.

— J'admets.

— Mais j'ai failli le faire. Au départ, j'ai mis notre nuit sur le compte d'un… comment dit-on déjà ?

— Un moment d'égarement ? tentai-je.

— Oui. « Un moment d'égarement. » Cet argument est tellement pratique. Mais, en y réfléchissant, je n'ai pas la sensation d'avoir perdu quoi que ce soit cette nuit-là. Je t'ai trouvé toi. Avec Liz.

Elle passa sa main sur ma joue, ses doigts s'attardant sur ma barbe un peu piquante.

— Je veux que tu restes, murmurai-je. Ici, avec moi et Liz.

— Mark, je…

— Quitte-le, la coupai-je dans une supplique.

Elle avança son corps vers moi, posant ses mains sur mes joues, avant de planter ses yeux dans les miens.

— Crois-tu réellement que je serais ici si je ne l'avais pas fait ?

— Je ne sais pas. Personnellement, j'ai du mal à croire qu'il t'ait laissée partir, murmurai-je.

— Il ne m'a pas proposé de me ligoter, s'amusa-t-elle. Et il ne m'a jamais regardée comme tu le fais maintenant.

— Anna, je…

— Touche-moi, m'intima-t-elle dans un murmure.

Je remontai lentement mes mains sur ses hanches, puis sur ses côtes, effleurant sa poitrine, avant d'atteindre le premier bouton de son chemisier. Je le défis doucement, m'assurant que les tremblements d'Anna étaient bien un effet de l'anticipation et en aucun cas de la peur. Le deuxième céda, puis le troisième, me dévoilant sa poitrine maintenue dans un soutien-gorge noir.

J'embrassai sa gorge, descendant lentement vers ses seins. Je l'entendis gémir, son corps se cambra pour s'offrir complètement à moi. Je la redressai, une de mes mains la retenant à hauteur de ses reins, avant de l'attirer contre moi. Elle me fit un faible sourire, les yeux mi-clos, et agrippa mon sweat pour me le retirer.

Elle le jeta derrière elle, puis passa ses mains sur mon torse pour s'arrêter au niveau de mon tatouage. De l'index, elle caressa le dessin, son visage s'illuminant d'un sourire magnifique. Elle se pencha et déposa un baiser sur ce même carré de peau, m'électrisant tout à fait, avant de remonter lentement sur ma gorge, mon menton, puis mes lèvres.

— Mes étoiles, souffla-t-elle, tandis que ses doigts traçaient des cercles sur mon torse.

Elle m'embrassa de nouveau, ses lèvres attaquant les miennes avec une possessivité inédite.

Sa langue dompta la mienne, son corps ondulait contre le mien et, pourtant, elle avait toujours la paume de sa main farouchement posée sur mon tatouage.

— Anna... arrête.

— Pourquoi ?

— Parce que je suis à deux doigts de te faire l'amour sur le sol, expliquai-je tout en la renversant sur le canapé.

— Tu n'as pas envie ?

— Ne me fais pas croire que tu ne sens pas mon... envie, souris-je en accentuant la pression de mon bassin contre le sien.

Elle gémit lourdement, ce qui eut pour effet immédiat de m'exciter davantage, le tissu de son chemisier s'écartant un peu plus largement. De nouveau, j'embrassai ses seins, m'attardai sur leurs pointes érigées à travers le satin de sous-vêtements. J'étais sur le point de céder, sur le point de lui arracher son jean et de faire ce que mon corps hurlait. Je défis les trois derniers boutons, repoussai les pans de son vêtement. Ma bouche reprit son chemin, descendant sur son estomac, titillant son nombril. Les mains d'Anna s'accrochaient à mes cheveux, massant parfois mon cuir chevelu, m'envoûtant complètement.

Son odeur sucrée m'enivrait totalement et je me surpris à défaire le premier bouton de son jean. Elle cessa dans la seconde de bouger, et je relevai les yeux vers elle. Elle me fixait, haletante, offerte, prête à succomber à son désir. Je me redressai et me mis à hauteur de ses yeux.

— Je veux un rendez-vous, soufflai-je.

Elle éclata de rire et secoua la tête. J'en profitai pour embrasser son cou, me tenant volontairement éloigné de la bretelle de son soutien-gorge.

— Tu es difficile à suivre, murmura-t-elle.

— Je t'assure que non. Je veux un rendez-vous.

— Oui. Et tu dis aussi que tu ne veux pas me faire l'amour, tout en continuant à me déshabiller.

— Je ne vois pas en quoi c'est contradictoire.

— Pas contradictoire, juste cruel.

— Je ne suis pas cruel. Et je veux toujours mon rendez-vous.

— D'accord. Demain soir ?

— Demain soir, approuvai-je. Maintenant, laisse-moi... être contradictoire.

Je glissai mes mains sur son corps, revenant à la fermeture de son jean. Je descendis lentement le zip, relevant régulièrement les yeux sur elle. Elle me fixait, les joues roses, sa poitrine se soulevant un peu trop vite, les bras croisés au-dessus de sa tête. Je tirai sur son pantalon, et elle souleva les hanches pour m'aider dans ma tâche. Je découvris sa culotte, aussi en dentelle noire. Je jetai le jean au même endroit que mon sweat pendant que mes lèvres continuaient à courir sur sa peau, en direction de la naissance de ses cuisses. Je la sentis frémir, sa peau réagissant automatiquement au contact de ma bouche.

Elle se tendit quand mon visage parvint à hauteur de son intimité. De nouveau, nos regards se croisèrent. Même avec son sous-vêtement, je sentais le parfum doux de son excitation. Je posai un baiser furtif sur le tissu avant de remonter jusqu'à sa bouche.

— Tu es cruel, souligna-t-elle juste avant de m'embrasser.

— Je t'assure que non.

Elle eut un petit sourire empli d'ironie et son regard s'illumina. Sans quitter mes yeux, elle posa sa main sur sa poitrine et, du bout de l'index, effleura son sein droit, passant sous le tissu. Mes yeux s'arrêtèrent sur sa gorge, sa peau, devinant qu'elle touchait ses pointes dans une tentative d'apaisement. Elle gémit, murmurant mon prénom, pendant que mon sexe, douloureusement tendu, réclamait soulagement.

— Continue, murmurai-je, fasciné.

— J'ai l'habitude.

— Vraiment ? m'étonnai-je.

— Depuis Chicago. Chaque nuit. Dès que je pense à toi, ça finit... comme ça, haleta-t-elle.

J'attrapai sa main et l'embrassai doucement,

avant de suçoter le bout de son index. Jamais je n'avais vu une chose aussi érotique et excitante. Elle pensait à moi, se caressait en scandant mon nom.

— Je ne veux pas te faire l'amour ce soir. Je... Je veux faire ça bien. Mais, je peux toujours te toucher.

— Tu as besoin de toucher, me rappela-t-elle.

— Oui. Laisse-moi m'installer.

Je me glissai sur mon flanc, me calant entre son corps brûlant et les coussins du canapé. Je posai ma main sur son estomac, effleurai sa peau claire. Elle eut un long frisson, ses yeux se fermèrent, puis sa respiration se saccada. Ma paume la caressa longuement, passant sur son ventre, sur ses hanches, avant de remonter vers sa poitrine, puis sa gorge. Mon bassin frottait contre sa cuisse et, très vite, sa main se faufila vers les boutons de mon jean.

Je cessai de bouger pour observer Anna ouvrir mon pantalon et le repousser sur mes cuisses, avant que je ne m'en débarrasse complètement. Quelques secondes plus tard, la main d'Anna passa sous l'élastique de mon boxer, me faisant haleter automatiquement.

— Anna, tu n'es pas...

— Dis-moi, murmura-t-elle, en embrassant mes lèvres. Dis-moi si tu as pensé à moi comme ça.

Elle referma sa paume brûlante autour de

moi, me tirant un grondement guttural. Elle m'avait manqué. Même là.

— Oui, hoquetai-je, tout en songeant aux multiples fois où j'avais dû me soulager comme un adolescent.

— J'ai rêvé de toi, avoua-t-elle. Assez violemment.

Sa main glissa sur mon membre, imprimant un rythme lent et délicieusement douloureux. Ma respiration s'accéléra et j'en oubliai ma propre main, toujours sous son nombril, prête à prendre possession de son intimité.

— Anna, je ne veux pas...

— Chut.

Et elle me fit taire avec un baiser doux et tendre, tout en contraste avec la caresse de plus en plus rapide qu'elle m'offrait. Elle ralentit, lâcha mon sexe et, du bout des doigts, titilla mes testicules. Mon ventre se contracta, et je dus retenir un orgasme salvateur. Déterminé à lui rendre la même attention, je passai ma main sous sa culotte, trouvant son intimité parfaitement lisse et humide. Anna cessa de bouger, sa main se resserra autour de mon membre. Mon index et mon majeur longèrent sa fente, la taquinant avec malice. Elle murmura de nouveau mon prénom, ses reins se creusant d'envie. Ses plis s'écartèrent sous ma main pour m'ouvrir un passage vers son intimité. Je plongeai mes doigts en elle, lui arrachant un cri de plaisir.

— Anna, bébé, nous ne sommes pas seuls, la grondai-je en cessant immédiatement de bouger.

— Pardon, s'excusa-t-elle dans un souffle.

— Nous serons seuls demain soir, et je te ferai l'amour à même le sol. C'est promis, assurai-je.

Elle roula des hanches, tentant d'aller et venir contre mes doigts.

— Impatiente ?

— S'il te plaît, gémit-elle.

— Caresse-moi, murmurai-je. Vite.

Elle s'exécuta dans la seconde, sa paume chaude coulissant sur mon sexe à un rythme frénétique. Mes doigts allaient et venaient en elle, ses joues rougissaient encore plus. J'avais toujours aimé voir les femmes prises dans leur envie, dans leur désir. Mais avec Anna, c'était encore plus violent. Son corps répondait si facilement au mien ; ses hanches roulaient parfaitement en rythme, ses gémissements m'indiquaient ce qu'elle aimait.

— Anna, je... je ne tiens plus, soufflai-je. Retire ta main.

— Non...

Mon orgasme éclata dans la seconde et je me répandis sur ses doigts, en mordillant son épaule. Mon pouce s'activa sur son clitoris et je fus récompensé par un gémissement appréciateur. J'allais et venais en elle, le silence de la pièce à peine troublé par la frénésie de nos corps. Anna se cambra de nouveau, ses seins pratiquement échappés de son soutien-gorge la parant d'une sublime aura érotique. Elle colla son poing contre sa bouche et son intimité palpitante se resserra brutalement autour de mes doigts.

J'entendis distinctement mon prénom, puis elle ferma les yeux et tenta de reprendre sa respiration. Je retirai ma main, tandis qu'Anna se lovait contre moi, sa tête nichée dans mon cou, sa main à plat sur mon tatouage. Je nous couvris du plaid qui servait habituellement à ma fille et fermai les yeux une courte seconde.

Ou un peu plus longtemps car, lorsque je rouvris les yeux, la lumière éblouissante du soleil inondait le salon.

— Papa ?

Je grimaçai et émis un faible grognement ; mon cerveau, pris dans les brumes du sommeil, refusait de réagir. Je clignai des yeux et passai une main sur mon visage, avant de m'enfoncer dans l'un des coussins du canapé. C'est à cet instant que mes neurones se remirent en marche.

Si pendant une seconde j'avais cru à un rêve ultra-réaliste et d'une cruauté sans nom, la seule odeur persistante de son parfum sur le plaid autour de moi me fit comprendre que j'avais tort. Elle était là.

Je me redressai brusquement, paniqué, tournant la tête en tous sens à la recherche d'Anna. La petite silhouette d'Elizabeth, cheveux emmêlés et me fixant d'un air curieux, accrocha finalement mon regard.

— Tu t'es endormi en regardant un film ? s'inquiéta-t-elle en grimpant à mes côtés sur le canapé.

Je passai ma main dans ses cheveux, cherchant une explication à lui donner. Je ne voulais pas lui mentir, mais lui dire la vérité me semblait encore trop compliqué. Je m'enroulai consciencieusement dans le plaid, refusant d'envisager la possibilité que ma fille me trouve à moitié nu, dans mon boxer souillé.

— C'est ce qu'Anna a dit, lâcha-t-elle finalement.

— Oh... Eh bien, si c'est ce qu'Anna a dit, soupirai-je, en continuant de démêler sa chevelure.

— Tu savais qu'elle allait venir ?

— Non, je ne savais pas, mon cœur, murmurai-je.

— C'est une surprise alors ?

— Une surprise, oui, approuvai-je. Une excellente surprise.

Je repensai furtivement à ma nuit avec Anna, à notre conversation, à ses aveux, et une sensation de bien-être m'étreignit tout à fait. Je regrettai juste de ne pas avoir eu la chance de me réveiller à ses côtés. Ma fille se lova dans mes bras, m'offrant son habituel câlin matinal. Du bout de l'index, elle caressa mon tatouage, l'odeur de son lait corporel — un mélange d'amande douce et de vanille — flottant autour de moi.

— Tante Abby m'a dit que tu avais été adorable, soufflai-je.

— Elle m'a appris à coller des paillettes sur les robes de ma Barbie, s'enthousiasma-t-elle en s'écartant légèrement de moi. Et on a mangé de la glace devant *La Belle et la Bête.*

— Laisse-moi deviner, la glace au chocolat avec des morceaux de cookies ?

Elle opina frénétiquement du chef tandis que ses yeux s'agrandissaient de gourmandise. Je souris largement devant l'expression de joie pure dans son regard. Son ventre gargouilla finalement, indiquant la fin de notre séquence câlin. Elizabeth se dégagea de mon étreinte et quitta le canapé.

— Va dans la cuisine, j'arrive, indiquai-je en cherchant du regard mon jean.

Dès que ma fille fut hors du salon, je me levai et récupérai mon jean. Les vêtements d'Anna et les miens gisaient encore au sol, seules marques visibles de nos retrouvailles de la nuit dernière. La présence d'Elizabeth me faisait garder les pieds sur terre. Bien que je brûle de savoir où était Anna, ma fille — notre routine, notre quotidien, l'école — restait ma priorité. Je rassemblai nos vêtements sur le canapé et retournai dans la cuisine où Liz m'attendait.

— Tu sais où papa range ton bol ? demanda Anna en ouvrant les placards devant elle.

— Juste là, lui indiqua Liz en pointant son doigt sur le dernier sur sa gauche. Les céréales sont au milieu.

Dos tourné, Anna posa le bol de Liz sur le plan de travail devant elle. Bras croisés sur mon torse nu, appuyé contre le mur, je la contemplai. J'étais presque fasciné par sa concentration pour préparer le petit déjeuner de ma fille. Elle avait dû prendre une douche, si je me fiais à ses cheveux humides grossièrement rassemblés dans une pince. Un sourire s'étira sur mes lèvres, en constatant qu'elle avait pris possession de mon maillot de foot, qui couvrait ses fesses tentatrices emprisonnées dans son jean.

Elle ouvrit le placard central, découvrant une panoplie de boîtes de céréales à faire pâlir le supermarché du coin. Elle eut un moment d'arrêt et se tourna vers Liz, sourcils froncés.

— Laisse-moi deviner... Riz soufflé au chocolat ?

Elizabeth applaudit avec joie et j'aperçus les épaules d'Anna s'abaisser doucement, comme si tomber juste sur les céréales de ma fille la soulageait. Cette dernière alla s'installer sur son tabouret habituel pendant qu'Anna versait les céréales.

— Du lait, marmonna-t-elle en ouvrant le réfrigérateur.

— En bas, dans la porte, lui indiqua Liz en riant.

— Oui. Evidemment.

Elle prit la bouteille de lait, récupéra le bol de céréales et pivota vers Liz. Et vers moi. Elle se figea un court instant, surprise de me voir la fixer. D'un léger mouvement de tête, je l'enjoignis à poursuivre et risquai un petit sourire heureux. D'une main tremblante, elle versa le lait pour Liz et se recula, l'observant pendant qu'elle déjeunait.

Quand ses yeux se dirigèrent vers moi, je compris que quelque chose avait changé. La Anna de cette nuit était confiante et sûre de ses choix, celle de ce matin semblait perdue, presque paniquée. Je me redressai, contournai l'îlot et avançai vers elle, mon regard verrouillé au sien.

— Bonjour, murmurai-je avant de poser un baiser sur son front.

— Bonjour, souffla-t-elle, en détournant le regard vers Liz.

— Bien dormi ? l'interrogeai-je.

— Je... oui.

— Papa t'a prêté son lit ? demanda brutalement Liz.

Anna rougit furieusement, pendant que j'étouffais un rire derrière ma main. Ma fille nous fixait alternativement, attendant une réponse simple à sa question innocente.

— Oui, mon cœur, approuvai-je. C'est pour ça que papa a dormi sur le canapé, continuai-je.

— Ce n'est pas à cause du film ?

— Euh... si, aussi, répondis-je, mortifié. Mange tes céréales.

— Est-ce que je peux avoir du jus d'orange ? demanda Elizabeth.

— Bien sûr, mon cœur. Anna, les verres sont juste à côté de toi, lui indiquai-je en ouvrant le réfrigérateur.

Elle attrapa un verre près d'elle et me le tendit. A dessein, j'entourai le verre de ma main, recouvrant ainsi la sienne, avant de verser le jus de fruits. Anna eut enfin un sourire et son visage se détendit légèrement. Je posai le verre devant Liz, avant de jeter un œil à l'horloge.

— Est-ce que tu veux boire quelque chose ? demandai-je à Anna.

— Un jus de fruits, ça sera parfait.

— Toasts ?

— S'il te plaît.

Anna s'installa près de Liz, tandis que je lançais une fournée de toasts et lui versais sa boisson. Je posai un troisième verre devant moi, avant d'en prendre une petite gorgée.

— Tu vas voir un match ? s'enquit Liz auprès d'Anna.

Cette dernière fronça les sourcils, avant de se tourner vers moi, sans comprendre. De nouveau, un rire m'échappa. Elizabeth avait l'art de mettre les gens mal à l'aise.

— Anna n'avait pas de T-shirt, alors papa lui a prêté son maillot, mon cœur.

— Mais tu dis toujours que…

— C'est vrai, la coupai-je doucement. Mais la règle s'applique à toi, pas à Anna.

— Quelle règle ? murmura Anna.

— C'est interdit de prendre le maillot de papa, déclama Elizabeth, la bouche pleine de céréales.

Anna écarquilla les yeux et, de nouveau, il y eut cette petite lueur de panique dans son regard. Je posai ma main sur la sienne pour la rassurer.

— La dernière fois qu'elle a pris l'un de mes maillots, elle a trouvé le moyen de le découper et d'habiller Winnie avec. Je doute que tu en fasses autant.

— Mark, si cela pose problème…

— Non, je t'assure que non. Je trouve ça plutôt sympa de te voir avec, souris-je.

Le toasteur recracha nos tartines et je les

posai dans une assiette sur l'îlot. Du réfrigérateur, je sortis de la confiture et du beurre de cacahuète. En le voyant, Anna se lécha les lèvres, trahissant ainsi son appétit, avant de fondre dessus.

— J'admets, c'est une grosse faiblesse, dit-elle en me voyant la fixer. J'adore ça, ça me rappelle mon père, expliqua-t-elle en ouvrant le pot.

Je la regardai étaler avec application le beurre de cacahuète sur son toast pendant qu'Elizabeth engloutissait ses céréales. Je barbouillai un toast de confiture pour moi et échangeai un sourire avec Anna alors que nous mordions tous les deux dans nos toasts respectifs.

La situation était étrange. D'un côté, il y avait cet aspect familier, facile d'être avec ma fille au réveil. La présence d'Anna — pas vraiment une étrangère, mais presque — n'affectait en rien notre petit équilibre familial. D'un autre côté, la situation semblait surréaliste. Nous étions en train de partager un petit déjeuner. alors que nous n'avions aucune idée de l'avenir de notre relation. La pensée qu'elle reste ici, indéfiniment, me traversa l'esprit.

— Est-ce que tu restes longtemps ? demanda Elizabeth, interrompant ainsi mes pensées.

Anna avala rapidement sa bouchée, avant de me lancer un regard. Sur ce point, je ne pouvais pas l'aider. C'était à elle de prendre une décision.

— Je ne sais pas encore, Liz.

— Papa peut te prêter encore son lit, si tu veux. Et il pourra dormir avec moi. C'est ce qu'il fait quand je suis malade.

— C'est arrivé deux fois, corrigeai-je rapidement.

— Je ne sais vraiment pas combien de temps je reste, Liz. Et je ne peux pas me permettre de toujours voler le lit de ton papa.

Je manquai de m'étouffer avec mon toast et Anna camoufla le rougissement de ses joues en plongeant le nez dans son verre de jus d'orange. Elizabeth nous fixa, interloquée, avant de hausser les épaules. Elle finit ses céréales rapidement et je l'expédiai à la salle de bains pour sa toilette réglementaire. Anna débarrassa l'îlot, déposant verres et bol dans l'évier.

— Est-ce que tu restes longtemps ? demandai-je à mon tour, un peu inquiet.

— Je ne sais pas encore, répondit-elle en pivotant vers moi.

— Je veux la vraie réponse.

— C'est « la vraie réponse », contra-t-elle. Je ne voulais pas lui mentir. Est-ce que tu veux me prêter ton lit ? demanda-t-elle en souriant.

— Ça peut s'arranger, murmurai-je en plaçant mes bras autour de sa taille.

J'enfouis ma tête dans son cou, sentant l'odeur de mon gel douche sur elle. Elle émit un léger soupir, avant de poser ses mains sur ma nuque. Mes lèvres frôlèrent sa peau, pendant que mes mains glissaient sous mon maillot, remontant lentement dans son dos. Un sourire s'étira sur mes lèvres en ne sentant aucune autre barrière de tissu. Anna gémit doucement, son corps se cambra légèrement contre le mien et ses doigts caressèrent mes cheveux. Ma bouche longea la ligne de sa mâchoire, avant d'atteindre ses lèvres entrouvertes. J'y posai un baiser furtif tandis que mes doigts pianotaient le long de sa colonne vertébrale, provoquant un frissonnement de son corps.

Je soudai mon front au sien, l'observant, les yeux clos, le souffle court, les pommettes un peu rouges. Je laissai mes mains errer sur sa peau tiède et soyeuse, me promenant sur ses reins, glissant sur ses côtes, avant d'effleurer sa poitrine. Son visage s'éclaira d'un sourire heureux. Ses traits se détendirent finalement, sa respiration devint plus régulière, plus calme.

— Toi et le toucher..., souffla-t-elle, avec un nouveau sourire.

— Ça rend les choses réelles, expliquai-je, mes mains enserrant sa taille.

— Tu as peur que je ne le sois pas ? s'enquit-elle en plongeant son regard dans le mien.

— Je n'ai jamais eu aussi peur de quelque chose, murmurai-je.

— Je ne vais pas m'évaporer.

— Pas tant que je te tiens, en effet, assurai-je en raffermissant ma prise sur elle.

Je l'attirai brusquement contre moi, un petit cri de surprise s'échappant de sa gorge. Mes mains se placèrent dans le creux de son dos, juste au-dessus de ses fesses. Sa respiration redevint difficile, son souffle mourut dans mon cou. Je positionnai ma bouche à quelques millimètres de son oreille, ses cheveux humides me chatouillant la peau.

— Par ailleurs, tu me dois un rendez-vous, chuchotai-je.

— Que tu m'as soutiré honteusement, contra-t-elle dans un rire.

Je m'écartai, observant son visage serein, ses yeux brillants de joie, son sourire lumineux et contagieux.

— Ce n'est pas la seule chose que je compte te soutirer aujourd'hui, la menaçai-je avec douceur.

— Aurais-tu des projets ?

— Des tas. En particulier avec toi. Dîne avec moi ce soir, proposai-je.

— D'accord, souffla-t-elle en rougissant. Robe noire et talons hauts ? suggéra-t-elle en levant un sourcil.

— Et tu m'accuses de faire certaines choses honteusement ?

— Ce n'est pas honteux ! C'est... une sorte d'uniforme. Rendez-vous galant, donc robe noire, expliqua-t-elle dans une logique toute féminine.

— Il faut que je te présente Abby, souris-je. Quelque chose me dit que vous allez très bien vous entendre !

— Papa ! Tu fais mes cheveux ? demanda Elizabeth derrière moi.

Anna souriait toujours quand je m'écartai d'elle pour poser ma fille sur le bar. Je vaporisai le démêlant sur sa longue chevelure, coinçai l'élastique entre mes dents et rassemblai ses boucles dans mon poing. Je sentis Anna passer derrière moi, ses doigts longeant la ceinture de mon jean. Je lui lançai un regard brûlant auquel elle répondit par un sourire.

— Anna m'amène à l'école ? demanda brutalement Elizabeth, me stoppant net dans mon démêlage.

Anna et moi échangeâmes un regard perdu et un moment de flottement et de silence gênant s'installa dans la pièce. J'avais parfaitement confiance en Anna pour amener Elizabeth à l'école, mais ce simple fait rendait, en quelque sorte, notre relation très officielle.

— J'en serais ravie, lança finalement Anna.

— Anna, tu n'as...

— Si, si… Tu as besoin d'une douche et moi, je suis quasiment prête de toute façon, me coupa-t-elle vivement.

— Super ! s'exclama Elizabeth, son ravissement parfaitement audible.

— Tu ne sais même pas où c'est, contrai-je en regardant Anna.

— Je suis certaine qu'Elizabeth saura m'indiquer le chemin. N'est-ce pas, ma puce ?

Cette dernière opina furieusement du chef, un air extatique sur le visage. Anna sourit à son tour, récupérant ses chaussures dans le salon. Elle revint dans la cuisine et s'accouda à l'îlot pour m'observer brosser les cheveux de ma fille.

— Je suis impressionnée, murmura Anna.

— Question d'habitude, balayai-je. Mais j'aime l'idée de t'impressionner, repris-je. D'ailleurs, j'aimerais te montrer quelque chose aujourd'hui.

— Oh… papa, tu vas lui montrer…

Je bâillonnai rapidement Elizabeth de la main, la faisant taire. Elle rit contre ma bouche alors que je lui faisais les gros yeux. Anna nous observait, intriguée.

— C'est une surprise, dis-je à ma fille en la libérant.

— Pour Anna aussi ? s'étonna-t-elle.

— Surtout pour Anna ! répondis-je, mon regard glissant vers la principale intéressée.

— Une surprise pour moi ?

— Peut-être, murmurai-je.

— Papa dit qu'il faut être sage pour les surprises, déclara Elizabeth, très sérieuse.

— Je vais faire en sorte d'être très sage alors.

Je repris ma tâche, nouant les cheveux de ma fille avec facilité. *La force de l'habitude*, songeai-je. Je descendis Elizabeth de l'îlot, lui donnant cinq minutes pour enfiler ses chaussures et son manteau.

— Tu es sûre que ça ne te dérange pas ? l'interrogeai-je en me penchant à sa hauteur.

— Aucunement. De toute façon, il faut que je passe récupérer mes affaires. J'ai un dîner ce soir et je ne peux décemment pas me présenter ainsi, expliqua-t-elle avec un sourire.

— J'aime pourtant beaucoup cette tenue. En particulier ce maillot sur toi.

— J'espère que ça ne te gêne pas, murmura-t-elle, soudainement embarrassée.

— Je t'en fais cadeau, si tu veux.

Elle me fit un léger sourire avant de déposer un baiser sur mes lèvres. Puis un deuxième, et un troisième beaucoup plus appuyé. Sa langue caressa ma lèvre inférieure, m'invitant à un baiser plus langoureux. Mon sourire passa sur ses lèvres et quand elle s'écarta, presque timide, son visage était rayonnant.

J'effleurai sa joue du bout de l'index, sentant sa peau frémir à mon contact. Plus je la regardais, plus je sentais que quelque chose d'inexplicable se passait. Il y avait cette forme d'attraction particulière mais aussi son sourire incertain, ses réactions spontanées. Au-delà de ça, il y avait son regard brillant, lumineux, pur. C'était ça qui avait changé entre Chicago et Seattle. Son regard auparavant voilé, fuyant, s'était éclairci et me fixait avec une désarmante ardeur.

— Tu as changé, murmurai-je.

— Par rapport à hier ?

— Par rapport à Chicago.

— Je ne considère pas ce changement comme une mauvaise chose, remarqua-t-elle.

— Moi non plus. Ça te rend encore plus... jolie.

— Dis-m'en plus sur la surprise, souffla-t-elle.

— Hors de question.

— Je ne gère pas bien les surprises.

— Vraiment ? Et notre rencontre alors ? plaisantai-je.

— Notre rencontre fait exception, admit-elle. Tout comme toi. Mais de manière générale, je n'aime pas les surprises. Je suis ou... muette ou tétanisée.

— C'est bon à savoir, souris-je.

— Donc, tu attends une réaction de ma part à ta surprise ?

— Pas vraiment. J'ai juste envie de fanfaronner.

— Parfait. Maintenant, j'ai vraiment peur, lâcha-t-elle, amusée.

— Il ne t'arrivera rien avec moi, assurai-je. En tout cas, rien que tu ne veuilles pas.

— Ce qui m'inquiète, c'est ce que tu veux de moi. Ou ce que tu attends de moi.

— Nous en parlerons ce soir. Pour l'instant, je crois que tu n'es pas prête à l'entendre.

Sans lui laisser le temps de répondre, je plaquai un dernier baiser sur ses lèvres, avant de me redresser. Je sentis son regard dans mon dos et devinai, au silence de la pièce, qu'elle devait réfléchir à toute allure. Elizabeth arriva dans la cuisine en trombe, nous rappelant qu'elle devait aller à l'école.

— Les clés sont dans l'entrée, indiquai-je à Anna alors que ma fille venait dans mes bras. Sois sage avec Anna. Et aussi avec Mme Emming, lui rappelai-je.

Elle plissa son nez, avant d'acquiescer.

— Grand-mère viendra te chercher ce soir et tu passeras le week-end là-bas.

— Mais je ne verrai pas Anna ! s'exclama-t-elle, déçue.

— Je serai là dimanche soir, la rassura Anna.

— Vraiment ? m'étonnai-je en reposant ma fille au sol.

— Vraiment. Crois-tu être le seul à savoir

ménager tes effets de surprise ? s'enquit-elle, avec une pointe de sarcasme.

— Visiblement non, concédai-je en approchant d'elle. Dépose Elizabeth, récupère tes affaires et viens me rejoindre au bureau. L'adresse est programmée dans le GPS.

J'embrassai Anna sur les lèvres, et les yeux d'Elizabeth s'écarquillèrent. Anna caressa furtivement mon torse, pressant mon tatouage du bout des doigts.

— Et garde le maillot, je ne veux pas que tu attrapes froid.

Elle s'écarta, me jeta un dernier regard et Elizabeth cala sa petite main dans la sienne. Je les suivis du regard, réalisant que c'était la première fois que quelqu'un d'autre que moi amenait ma fille à l'école. Je souris en songeant à ma surprise. Surprise improvisée, certes, mais qui me semblait appropriée.

Par ailleurs, j'avais toujours dans l'idée de garder Anna ici. Définitivement.

Après avoir pris ma douche et rangé salon et cuisine, je me décidai à gagner le garage pour récupérer ma moto. Je m'en servais rarement, surtout à l'occasion de virées avec Josh. Devenir père de famille m'avait poussé à être plus prudent et plus pragmatique. Et puis, un siège auto ne tenait pas là-dessus.

Je récupérai un vieux cuir — celui que je

portais quand j'avais seize ans et que je refusais de jeter — et enfilai celui qu'Abby m'avait offert à Noël. Encore un peu trop neuf à mon goût, mais parfait pour ce matin. J'attrapai un sac à dos, le remplis de tout le nécessaire pour ce midi et rejoignis mon bureau.

En y entrant, le casque toujours vissé sur ma tête et le sac à dos à la main, je tombai nez à nez avec Josh. Son regard curieux navigua de mon visage à mon sac, avant de revenir à mon casque. Il leva un sourcil et un sourire moqueur se dessina sur ses lèvres.

— *Easy Rider*? lâcha-t-il dans un rire.

— Très drôle, dis-je en défaisant la jugulaire de mon casque.

Je déposai mon sac sur mon bureau, Josh y jetant un œil sans aucune gêne.

— Du vin et du beurre de cacahuète ? Tu me fais ta danse de la séduction ? s'exclama-t-il.

Il se pencha vers moi et fronça le nez. Je soupirai lourdement, retirant ma veste en cuir dans un geste las.

— Parfum en lieu et place de l'after-shave habituel. Et tu as un air extatique sur le visage.

— Et toi tu as l'air crasseux, ripostai-je.

— Mon air crasseux n'est pas une nouveauté, en revanche, ton air extatique est aussi fréquent que le passage de la comète de Halley.

— Depuis quand tu t'y connais en astronomie ? m'étonnai-je en m'installant derrière mon bureau.

— C'est essentiel pour la drague. Et cela nous éloigne du sujet qui nous intéresse, me rappela-t-il en me désignant de l'index.

Je réprimai un sourire. J'étais agacé qu'il lise si facilement en moi, pourtant j'avais envie de lui dire. Anna était là et j'étais heureux.

— Hier, tu étais aussi grognon que moi après une nuit sans sexe ; et ce matin, tu es... une sorte de princesse de conte de fées. J'ai peur que tu te mettes à chanter « Chante, rossignol, chante ».

— Josh, je sais que tu la chantes avec Elizabeth quand tu regardes *Cendrillon*.

— Cendrillon est une gourde et toi... tu as pris ta moto. Donc ta voiture est en panne. Et ta voiture est en panne parce que..., commença-t-il en espérant que je fournisse une explication.

— Ma voiture n'est pas en panne, répondis-je en m'esclaffant.

— Le mystère s'épaissit, commenta Josh en se frottant pensivement le menton.

Il m'observa pendant que je renonçais à réprimer mon sourire. Le voir se creuser la tête était irrésistible. Soudain, son regard s'illumina et il se frappa le front avec la paume de la main.

— Tu as revu cette fille ! s'écria-t-il, enthousiaste.

— Quelle fille ? m'étonnai-je avec une innocence feinte.

— Celle avec qui tu as couché dernièrement. Celle qui te rendait bougon hier et qui te rend heureux ce matin. Elle est venue te voir et vous avez remis le couvert ?

— Pas vraiment, avouai-je, toujours dans un rire.

— « Pas vraiment » ? Oh... bien sûr... Sexe au téléphone ?

— Non plus ! le détrompai-je, mon rire redoublant en voyant son sourire se faner dans l'instant.

— C'est une autre fille ? demanda Josh sans conviction.

— Non. C'est bien la même.

Je souriais toujours, incapable d'arrêter. Je repensais à Anna, à notre nuit. Et voir Josh se perdre dans une explication compliquée alimentait un peu plus ma bonne humeur. Brutalement, le visage de mon collègue changea, se parant d'un voile de désolation.

— Elle est revenue, mais vous n'avez pas...

— Pas réellement, soufflai-je. Mais tout va bien. On passe la journée ensemble.

— Est-ce que je veux vraiment savoir ce que tu vas faire avec ce beurre de cacahuète ? demanda-t-il avec une lueur de perversité dans le regard.

— Tu es un être absolument dégoûtant !

— Ose dire que l'idée ne te traverse pas l'esprit juste en ce moment ?

— Non ! m'exclamai-je, avant de lui jeter une boule de papier au visage.

— Menteur ! rit-il grassement. Tu y penses en ce moment même, et tu es même déçu que j'aie eu l'idée avant toi !

Hilare, il s'installa derrière son bureau, avant de pivoter vers moi. Je souriais toujours, songeant évidemment à Anna. Et à cette histoire de beurre de cacahuète. Je secouai la tête pour chasser les images obscènes qui m'envahissaient. Je n'avais rien à voir avec Josh. Je refusais de croire que je pouvais avoir un point commun avec lui, surtout en termes de relations avec les femmes.

— Je ne serai pas là de la journée, lâchai-je finalement. Je vais aller à West Seattle.

— Avec elle ? demanda Josh aussitôt.

Je hochai la tête, le visage de mon associé passant en une seconde de l'hilarité au sérieux le plus absolu. Il savait ce que cela signifiait pour moi. Au-delà d'être le temple de la plupart de mes souvenirs d'enfance, West Seattle représentait aussi le projet sur lequel je travaillais depuis deux ans. J'y engloutissais mon temps libre, rénovant au fur et à mesure la maison que mon oncle m'avait léguée.

— Avec elle, confirmai-je.

Les sourcils de Josh se soulevèrent jusqu'à la racine de ses cheveux. Il secoua la tête, comme pour chasser un mirage douloureux avant de se racler la gorge.

— Bien, acquiesça-t-il. De toute évidence, nous avons une gagnante.

— C'est compliqué, avouai-je.

— Ça m'aurait étonné aussi que tu fasses dans la simplicité. Alors quoi ? Elle est... mariée ? Mère de famille ? Oh non... je sais... C'est la baby-sitter de ta fille !

— Bien sûr que non ! Pervers débauché. Je ne joue pas dans la même cour que toi !

— Ne me dis pas que c'est la maîtresse de ta fille ?

— Josh, même toi, tu ne voudrais pas de cette femme ! J'ai rencontré Anna à Chicago.

— Chicago ? Mais tu m'as dit que tu étais resté coincé à l'aéroport et que...

— J'étais avec elle, le coupai-je. Le lendemain, je lui ai donné ma carte et elle a débarqué hier soir.

Josh émit un sifflement appréciateur et retourna son attention sur le plan d'une monstrueuse maison de trois étages.

— C'est tout ? m'inquiétai-je. Pas de commentaires graveleux ? Pas de plaisanteries sur ma vie sexuelle ?

— Je ne suis pas un goujat. J'ai des principes. Et tu amènes cette fille à West Seattle, ce qui dans ton monde monacal est... inédit. Et Elizabeth ?

— Anna l'a conduite à l'école ce matin.

— Ça va tuer cette brave Mme Emming, soupira dramatiquement Josh. Je vais passer devant l'école ce soir. Au cas où elle aurait besoin de réconfort.

— Elle est mariée, lui rappelai-je dans un soupir exaspéré.

— Je n'ai rien contre le partage, triompha-t-il.

J'étouffai un rire à mon tour, avant d'être interrompu par un léger toc à la porte. Un sourire s'afficha instantanément sur mes lèvres et j'entendis Josh ravaler un rire moqueur.

— Dieu du ciel... Un adolescent à son bal de promo. Très, très classe, commenta-t-il alors que je lui offrais un magistral lever de majeur en me dirigeant vers la porte.

— Hey, souffla-t-elle quand je lui ouvris finalement.

— Entre, souris-je en m'effaçant pour la laisser passer.

Elle eut un bref sourire, un peu hésitant, avant de passer près de moi. Josh se leva de son bureau et, pour la première fois de ma vie, je le vis réajuster sa chemise froissée. Je lui lançai un regard soupçonneux, que Josh ignora pour scotcher un sourire angélique sur ses lèvres.

— Josh, se présenta-t-il. L'associé.

— Anna, répondit-elle en fronçant les sourcils.

— La gagnante donc, commenta Josh. Félicitations !

Anna tourna la tête vers moi, ses traits crispés trahissant son incompréhension. Je poussai un soupir, priant pour que Josh comprenne qu'il la mettait mal à l'aise. Ce n'était pas avec ce genre de comportement que mon plan allait fonctionner.

Oui, parce que j'avais un plan.

— Ne fais pas attention à lui, murmurai-je.

— Je suis certain que nous allons devenir amis, assura-t-il en tendant sa main vers Anna.

Son regard passa de moi à Josh, puis à sa main, avant de revenir sur son visage. Son sourire s'élargit et elle saisit la main de mon ami.

— Soyons clairs, si tu lui brises le cœur, peu importe que tu sois une femme, je...

— Josh ! criai-je.

— Je n'ai aucune intention de lui briser le cœur, lâcha Anna en libérant sa main de l'emprise de mon associé.

— Bien.

Sans rien ajouter, il retourna à son bureau et reprit son travail, comme si nous n'existions plus. Anna soupira et se tourna vers moi, attendant que je prenne la parole.

— Ça s'est bien passé avec Elizabeth ? demandai-je.

— Sans problème. Sauf qu'elle m'a présentée comme étant ton... amoureuse, hésita-t-elle en se tordant les mains.

Josh éclata d'un rire tonitruant, m'arrachant de la contemplation d'Anna. Les yeux rivés au sol, elle maltraitait ses mains tout en se dandinant. Je maudis Josh d'être aussi impoli et le maudis une seconde fois, en réalisant qu'il était en train d'assister à un moment presque intime entre Anna et moi. Un moment que j'aurais préféré ne partager avec personne.

— Tu as brisé le cœur de cette pauvre Mme Emming, lâcha Josh, hilare.

Je posai ma main sur celles d'Anna, les serrant doucement pour que sa nervosité s'estompe. Elle releva son visage vers moi, un rictus tendu et tremblotant habillant sa bouche. Ses doigts se détendirent et ma paume caressa la sienne. Le bout de mes doigts atteignit son poignet et, soudain, son corps se détendit et les traits de son visage s'adoucirent.

— Elizabeth est très perspicace, dis-je avec une pointe d'humour.

— C'était... gênant, expliqua Anna en fuyant de nouveau mon regard.

— D'être mon amoureuse ?

— Non ! s'exclama-t-elle vivement. Non,

évidemment que non ! Juste... Je ne sais pas, ça m'a surprise.

— Et tu ne gères pas les surprises, me rappelai-je.

Elle haussa les épaules, dans un quasi-geste d'excuse, avant de me sourire largement. Du coin de l'œil, je vis Josh lever les yeux au ciel. Je l'ignorai, restant concentré sur Anna. Si elle était effrayée par l'annonce d'Elizabeth, je redoutais sa réaction à West Seattle. J'entremêlai mes doigts aux siens puis attirai sa main contre mes lèvres, verrouillai mon regard au sien et l'embrassai avec tendresse.

— Autant te prévenir, tu risques d'avoir une journée difficile alors, murmurai-je contre sa peau.

— Génial, se lamenta-t-elle, sans se départir de son sourire. Est-ce que je peux au moins savoir où tu nous amènes ?

— Aucune chance, dis-je en la libérant. Mais je peux te dire comment on y va.

Gardant ma main dans la sienne, je contournai mon bureau et récupérai mon casque pour le lui montrer. Les yeux d'Anna s'écarquillèrent, elle lâcha ma main et un frisson d'appréhension la parcourut.

— Tu n'es pas sérieux ? demanda-t-elle.

— Plus que jamais. Josh, on se voit lundi.

— C'est ça !

J'agrippai mon cuir et mon sac à dos, avant

d'enrouler mon bras autour de la taille d'Anna et de la diriger vers la porte. Elle semblait plus détendue, même si son regard en direction de mon casque trahissait toujours une légère peur.

— Mark ? m'appela Josh alors que je m'apprêtais à fermer la porte.

— Oui ?

— Elle a l'air géniale, ton amoureuse, sourit-il.

— Pas touche, grondai-je.

Il éclata de rire et je refermai la porte. Anna m'attendait à côté de ma moto, l'observant d'un œil suspect. Du sac, je sortis mon vieux cuir et elle rit doucement avant de se tourner pour que je le lui enfile.

— Tu es superbe, la complimentai-je avant d'attirer son dos contre mon torse.

Elle pivota pour me faire face, son corps se moulant parfaitement contre le mien, et cala ses mains autour de ma nuque.

— Ton maillot, ton cuir...

— Mon amoureuse, finis-je avec une pointe d'humour.

— Définitivement. La tienne.

Sa bouche se posa sur mes lèvres pendant que mes mains s'aventuraient dans le bas de son dos. Le bout de sa langue effleura la mienne et, l'instant suivant, je me perdais en elle. Comme hier soir, comme à Chicago, il n'y avait plus rien d'autre pour moi qu'elle et son parfum sucré. Notre baiser n'avait rien de frénétique. Au contraire, Anna prenait son temps, ses doigts se perdant dans mes cheveux, ses gémissements faisant écho aux miens, le désir couvant dans un crépitement presque visible entre nos corps.

— Allons-y, lui intimai-je en m'écartant d'elle.

Anna passa sa langue sur ses lèvres et son regard sombre se porta sur la moto. Je lui tendis un casque et l'aidai à fixer la jugulaire. Mes doigts effleurèrent la peau fine de son cou, rallumant la lueur d'envie dans ses yeux. Elle frémit doucement lorsque mon index longea l'encolure de mon maillot, caressa le début de son décolleté avant d'atteindre le zip de sa veste et de le remonter le plus haut possible.

Je grimpai sur la moto, la penchai légèrement et invitai Anna à s'installer derrière moi.

— C'est la première fois, expliqua-t-elle en entourant ma taille de ses bras.

Je fis ronfler le moteur, le rire d'Anna récompensant mon accès de prétention. Je passai ma main sur les siennes, nouées autour de moi.

— Ne me lâche pas, la prévins-je.

— Jamais.

Elle resserra sa prise autour de moi et je démarrai, me dirigeant vers West Seattle. La circulation était fluide et, en peu de temps, nous traversâmes la ville, abandonnant les gratte-ciel pour un quartier plus résidentiel.

Les immeubles s'effacèrent au profit de maisons alignées, le gris laissa place à des tons de vert et de brun. L'hiver était toujours là et l'air frais nous caressait. Malgré ce baptême du feu, Anna était visiblement à l'aise. Si elle s'était crispée contre moi au départ, sa prise s'était détendue au fur et à mesure que nous quittions la ville.

Quand finalement je me garai devant la maison de mon oncle, elle descendit de ma moto et batailla quelques instants avec la jugulaire pour retirer son casque.

— Ça va ? demandai-je en enlevant le mien.

— J'ai adoré te broyer les côtes, plaisanta-t-elle. Pourquoi sommes-nous ici ?

— Je veux te montrer quelque chose.

Je descendis de la moto, pris son casque et lui indiquai de suivre l'allée en face de nous. Ses yeux naviguèrent sur la maison, puis sur le paysage autour de nous, avant de revenir sur moi.

— Une maison que tu as construite ? demanda-t-elle.

— Non. Je la rénove en fait.

J'ouvris la porte, dévoilant une grande pièce — un futur salon — baignée par la lumière du jour. Comme Anna l'avait fait la veille en entrant chez moi, elle parcourut silencieusement la pièce, touchant le bois des fenêtres, s'attardant devant une vieille photo de mon oncle et moi punaisée au mur, avant de porter son attention sur le plan des travaux.

— C'est à toi ? s'étonna-t-elle finalement.

— Héritage de mon oncle. Enfin, il l'a léguée à mes parents qui me l'ont donnée ensuite.

Elle retourna son attention sur le plan, dézippant son cuir pour le retirer. Elle repoussa ses cheveux en arrière et, du bout de l'index, déchiffra mes quelques notes manuscrites dessus. Je posai mes affaires dans un coin de la pièce, réalisant brutalement à quel point la présence d'Anna, ici, dans cette maison, était tout sauf... évidente.

— Est-ce qu'on peut visiter le reste de la maison ? s'enquit-elle avec enthousiasme.

— Je n'ai pas tout fini, la prévins-je.

— J'ai quand même envie de voir.

Elle sortit de la pièce et alla dans la cuisine. C'était une des rares pièces à laquelle je n'avais pas encore touché. Le réseau de canalisation était vétuste, surtout dans cette pièce, et cela allait me demander plus de temps. Anna s'extasia sur l'immense baie vitrée qui donnait sur le jardin, avant de repasser dans le couloir et de s'arrêter devant une échelle de fortune menant au premier étage.

— J'attends la livraison de l'escalier, expliquai-je. Celui d'avant était trop dangereux.

Elle me jeta un regard ravi, digne d'un gamin

découvrant ses cadeaux au pied du sapin, avant de grimper prudemment la petite échelle. Je la suivis et la retrouvai dans la première pièce que j'avais rénovée. Anna avait ouvert la fenêtre et, accoudée sur le garde-fou, admirait la vue.

— La vue est magnifique, commenta-t-elle.

— C'est encore plus beau quand c'est dégagé. En se tordant le cou, par là-bas, dis-je en tendant mon index vers la droite, on peut voir le mont Anderson.

— Tu comptes vivre ici ? demanda-t-elle soudainement.

— J'espère dès cet été, oui.

Elle s'écarta du garde-fou et déambula dans la pièce. Je brûlais d'envie de lui poser la même question. Est-ce qu'elle envisageait aussi la possibilité de vivre ici ? C'était rapide, irréfléchi et sûrement un peu fou, mais j'avais attendu Anna pendant un mois.

Ou peut-être l'avais-je attendue toute ma vie.

Maintenant qu'elle était ici, avec moi, dans cette maison, je refusais de la laisser partir. Je ne supporterais plus de passer une journée loin d'elle.

Elle retourna dans le long couloir, encore encombré de quelques outils et entra dans une nouvelle pièce. Je la suivis à distance, m'appuyant sur le chambranle tout en la regardant procéder à son inspection habituelle.

— Cet endroit est... magique.

— Magique ? m'étonnai-je en louchant vers un tas de poussière et de gravats.

— Absolument. J'ai toujours vécu dans des endroits parfaitement finis, des chambres complètement meublées. Là, c'est comme si tout était... tu sais, ouvert.

Mon sourire s'élargit et Anna pencha la tête, avant de me fusiller du regard.

— Je ne me moque pas, dis-je tout en m'approchant. Si tu veux m'aider à faire les travaux, je dois avoir une ceinture à outils quelque part.

— Ne me tente pas, souffla-t-elle en s'appuyant contre le mur.

— Pourquoi pas ? m'enquis-je en calant mes mains dans le creux de sa taille.

— Parce que je ne suis pas certaine de pouvoir te refuser quoi que ce soit.

— Intéressant, souris-je. Epouse-moi.

Anna blêmit devant moi avant d'éclater de rire et de poser son visage contre mon torse.

— Maintenant, je sais que je peux te refuser quelque chose, parvint-elle à dire entre deux rires.

— Non, alors ?

— Non, Mark.

— Pourquoi ?

— Parce que tu ne sais même pas quelle est ma cuisine préférée ! s'exclama-t-elle.

— Et c'est ?

— Indienne.

— Parfait. Epouse-moi.

Elle rit de nouveau, enfouissant son visage contre mon torse. Je passai une main dans sa chevelure, le même geste que je faisais avec Elizabeth chaque matin. Son rire s'éteignit progressivement et elle glissa ses mains sous mon pull, caressant le bas de mon dos. Nous restâmes de longues minutes ainsi, dans les bras l'un de l'autre, ma demande farfelue en suspens.

— Toujours pas ? tentai-je.

— Toujours pas, confirma-t-elle en relevant les yeux vers moi. Un jour peut-être, s'amusa-t-elle.

Elle s'écarta de moi, son regard pétillant ancré dans le mien, et elle quitta la pièce pour rejoindre une nouvelle chambre. Je la suivis de nouveau, dans ce qui, à terme, devait être un bureau pour moi. La luminosité y était parfaite et j'y avais mis un nouveau parquet, quasiment semblable à celui d'origine.

— Cette poutre est d'origine ? demanda-t-elle en s'y accrochant dans un léger mouvement de balancier.

— Oui, mon oncle avait pour habitude de m'y mesurer.

— Sentimental ?

— Parfois.

Elle s'éloigna de moi, gagnant le fond de la pièce, où j'avais laissé le vieux rocking-chair de mon oncle au cannage complètement usé. Un silence s'installa ; Anna ne bougeait plus, j'entendais à peine sa respiration. Je contournai la poutre centrale et mes yeux retrouvèrent les siens. Il y avait toujours cette lueur d'enthousiasme, ce pétillement de joie, mais voilé par l'hésitation.

— Qu'y a-t-il ? demandai-je en laissant un espace entre elle et moi.

— Tu n'es pas très curieux.

— A quel sujet ?

— New York... Jim...

— Tu m'as dit que Jim était de l'histoire ancienne. Quant à New York, je préfère éviter d'y penser.

— Pourquoi ?

— Parce que ce n'est pas une pensée plaisante. J'associe cette ville à ton absence. Et quand je suis avec toi, je préfère me concentrer uniquement sur les pensées... plaisantes. Pourquoi cette question ?

— Parce que tu évites le sujet, répondit-elle en souriant. Et parce que tu me fais visiter cette maison... Alors, je ne sais pas... Est-ce que tu es dans la négation du sujet ?

— Non. Au contraire, souris-je. Je suis

dans… le contournement du sujet. Je t'offre une alternative.

— Entre New York et Seattle ?

— Entre New York et cette maison. La tienne… Ou la nôtre, si tu préfères.

— Tu m'offres cette maison ?! s'exclama-t-elle. Tu… Je… Tu…

Elle rougit furieusement, sa voix s'étrangla dans sa gorge. Son regard papillonna partout autour d'elle, son visage passant de la surprise à l'ébahissement le plus total. Elle fronça finalement les sourcils et secoua la tête pour reprendre ses esprits.

— Tu es complètement cinglé ! rit-elle.

— Tu as refusé le mariage, je négocie autre chose.

— Avec une maison ? s'écria-t-elle.

— Eh bien, il y a la maison. Elizabeth. Moi aussi, évidemment. Tu devras sûrement faire avec Abby, avec Josh aussi, même s'il semble t'avoir adoptée. Je doute vraiment que les travaux soient finalisés d'ici cet été, mais puisque tu ne sembles pas avoir de problème avec un peu de poussière. En revanche, pour la cuis…

— Oui, me coupa-t-elle. Toi, Elizabeth, la maison, tout. Je veux tout.

— Anna, tu réalises que je ne t'offre pas une vie simple ? m'enquis-je, incertain.

— Je ne veux pas d'une vie simple ! s'écria-t-elle. Et je ne veux pas d'une vie parfaite en tout point, d'une maison impeccable... Je te veux toi, toi et tout ce qui va avec. Toi... Et tes étoiles, ajouta-t-elle d'une voix plus douce.

J'étais à bout de souffle. Laminé. Ebloui. Epaté aussi. L'entendre être si vindicative, si volontaire sur ce sujet m'avait soulagé. Si j'avais eu quelques doutes sur les motifs de sa présence hier soir, elle venait de les lever. Elle voulait rester, elle tenait à notre histoire autant — du moins je l'espérais — que j'y tenais. Ce n'est qu'en croisant son regard brillant, en voyant qu'elle se tordait de nouveau les mains de nervosité, que mon corps réagit. J'effaçai la courte distance entre elle et moi, pris son visage entre mes mains et attirai sa bouche contre la mienne. Elle eut un hoquet de surprise, pendant que je la repoussais contre le mur. Son cri de stupeur mourut dans ma bouche et notre baiser heurté, presque violent, la poussa à s'accrocher à moi.

Elle enroula ses bras autour de ma nuque, mon corps plaquant le sien contre le mur. Mes mains quittèrent son visage, passant sur ses côtes, avant d'atteindre ses fesses. Elle gémit lourdement, sa bouche attaquant la mienne aussi violemment que possible. Quand finalement je m'écartai de ses lèvres, j'étais haletant, presque sonné par ce baiser dévastateur. La brutalité de mon désir, la façon dont son corps épousait le mien, même la lumière irréelle de la pièce, me donnaient le tournis.

Je sentis les mains d'Anna se poser sur mes joues, son regard plongeant dans le mien avec une intensité rare.

— Tu es sûre ? m'enquis-je, essoufflé. Parce que d'ici ce soir tu ne pourras plus changer d'avis.

— Certaine, je ne veux plus être loin de vous deux, chuchota-t-elle.

Un immense sourire ouvrit mes lèvres. A son tour, elle m'attira contre les siennes, plus doucement que je ne l'avais fait, et m'offrit un baiser langoureux, lent. Ses mains glissèrent sur mon torse, me caressant à travers le tissu, avant d'en agripper le bord. Elle rompit notre baiser pour retirer mon T-shirt, le bout de ses doigts s'attardant sur mon tatouage.

Elle prit ma main dans la sienne, en embrassa la paume et y cala sa joue. Sa peau chaude me surprit, mais très vite je me repris et agrippai mon maillot pour le lui retirer. Elle se cambra contre moi, pendant que je me penchais pour embrasser la peau de son cou. Un gémissement s'échappa de sa bouche, alors que je laissais descendre ma main, très lentement, du haut de sa gorge vers son ventre.

Il y avait quelque chose, dans la réaction de son corps à mes caresses, qui me rendait absolument dingue. Comme si j'attisais son désir, comme si je la réveillais d'un sommeil profond. J'accrochai les deux bretelles de son soutien-gorge pour les faire glisser sur ses bras.

— Tourne-toi, murmurai-je.

Elle obtempéra et posa ses mains contre le mur. J'enroulai mes bras autour de sa taille, mes mains caressant son ventre.

— Je propose que nous scellions notre accord, murmurai-je contre son épaule.

Elle gémit, avant de tourner son visage vers moi pour déposer un baiser sur mes lèvres. Je défis le bouton de son jean, puis descendis le zip. Je passai ma main dans l'ouverture, Anna haletant dans l'instant. Je caressai son entrejambe quelques secondes, par-dessus le tissu de son sous-vêtement et les gémissements d'Anna attisèrent un peu plus mon désir. Je plaquai mon bassin contre le sien, lui faisant clairement comprendre que j'allais lui faire l'amour ici même.

— Je vais retirer ton jean, la prévins-je.

Elle opina, incapable d'articuler un son. Je m'accroupis derrière elle et tirai sur son jean. Je plaçai mes mains de part et d'autre de sa cuisse droite, dénudant sa jambe, chatouillant l'arrière de son genou, avant de lui faire soulever le pied pour la débarrasser de ses chaussures, puis de son vêtement. Je fis de même avec son autre jambe, jetant le jean loin derrière moi.

Anna eut un léger frémissement lorsque je reposai mes mains autour de ses chevilles. Je remontai lentement vers ses fesses et remarquai que sa peau se parait de chair de poule. Je me redressai doucement, mes doigts effleurant la dentelle de son shorty, déposai un baiser dans le creux de son dos, puis un deuxième, puis un troisième, longeant sa colonne vertébrale jusqu'à l'attache de son soutien-gorge.

Je le dégrafai, Anna le retira aussitôt.

J'en profitai pour me débarrasser de mon jean, puis de mon boxer. Anna bougea la tête pour me voir, mais j'appuyai mon corps contre son dos, entremêlai mes doigts aux siens, avant de nicher ma tête dans son cou. Elle remua contre moi, frottant ses fesses contre mon sexe nu.

Je libérai ses mains, laissant les miennes courir le long de ses bras, puis de ses épaules, avant de prendre ses seins en coupe. Anna grogna contre moi, ses pointes déjà tendues, et gémis quand je les roulai entre mes doigts.

— Mark, s'il te plaît.

— Dis-moi ce que tu veux.

— Tout, murmura-t-elle. Toi.

— Je te veux aussi, avouai-je. Où veux-tu me sentir ?

Elle ne répondit pas, mais prit une de mes mains et la plaça entre ses jambes. Le grognement de satisfaction qu'elle émit me fit sourire. Même à travers le tissu, je sentais son excitation, sa chaleur et le besoin irrépressible d'être touchée.

Je retirai ma main et fis pivoter Anna pour qu'elle soit face à moi. Elle avait les joues rouges et sa poitrine nue, parfaite, se soulevait bien trop rapidement.

— Touche-moi, implora-t-elle.

— Je veux te goûter d'abord. Entièrement, précisai-je, avant de prendre la pointe de son sein gauche dans ma bouche.

Son corps se tendit contre le mien et ses mains se plaquèrent dans mes cheveux. Le souffle court, elle m'encourageait en murmurant mon prénom, pendant que ma bouche passait d'un sein à l'autre, mes mains la maintenant fermement contre le mur. Après quelques minutes, je relevai les yeux vers son visage. Les yeux clos, la tête renversée, elle était l'incarnation parfaite du désir.

Ma bouche traça un sillon de baisers jusqu'à son cou, avant de retrouver ses lèvres. Mes paumes naviguèrent sur son dos nu, longeant son échine, s'égarant dans le creux de ses reins. Ses lèvres bougeaient doucement contre les miennes. Désormais, un désir presque contenu dominait maintenant celui, plus brut, plus sauvage, qui m'avait saisi.

— Je t'aime, soufflai-je sur ses lèvres en m'écartant d'elle.

Ses yeux s'ouvrirent brutalement, me fixant avec incrédulité.

— Moi aussi, murmura-t-elle dans un sourire heureux. Moi aussi.

Je l'embrassai de nouveau, mes mains se faufilant sous le tissu de son shorty pour caresser ses fesses. Elle geignit dans ma bouche, et je sentis ses mains courir sur mes pectoraux, puis sur mon ventre pour finir à hauteur de mon sexe. Elle entoura mon sexe, qui se tendit douloureusement.

— Anna, si tu continues, je vais t'offrir une bonne raison de me fuir avant midi, chuchotai-je contre sa bouche.

Elle rit doucement mais, sournoisement, passa son pouce sur l'extrémité de mon sexe, me faisant sursauter. Elle me libéra finalement, mais moula son corps au mien. Dans un geste rapide, je repoussai son shorty, le faisant glisser jusqu'à ses chevilles. D'un coup de pied, Anna l'éloigna.

Elle me fit un sourire entendu et je reposai ma bouche contre la sienne, renonçant dans l'instant à mon premier projet et promettant de le remettre à ce soir. Je la soulevai contre le mur, ses mains se crispant sur mes épaules. Elle verrouilla ses chevilles autour de ma taille tandis que je capturais de nouveau un de ses seins dans ma bouche. Mon sexe, tendu à l'extrême, touchait son intimité, effleurait ses lèvres intimes dans une caresse lancinante.

Je posai mes mains autour de sa taille, la tenant fermement. Anna se cambra et frotta son bassin contre le mien, oubliant toute retenue. Très lentement, je la fis glisser contre moi, son intimité humide m'accueillant, pendant qu'Anna gémissait de plaisir. Quand je fus complètement en elle, il y eut un instant parfait, où, immobiles, perdus dans les yeux l'un de l'autre, nous réalisâmes ce qui était en train de se passer.

— Est-ce que ça va? demandai-je, tout sourire.

— Oui. Tout va bien.

Ses mains crochetèrent ma nuque et elle enfouit son visage dans mon cou. Très lentement, je bougeai en elle, sentant son corps réagir aux mouvements du mien. De sa taille, mes mains passèrent à son dos, remontant jusqu'à sa nuque. D'une faible pression, je la forçai à basculer la tête en arrière, ma bouche retrouvant la sienne dans un nouveau baiser. Elle ondula légèrement du bassin, gémit, avant de creuser les reins pour accentuer la friction de nos bassins. Je bougeai à mon tour, me régalant de la sentir si serrée, si brûlante, autour de moi. Au-delà du sexe qui m'avait — évidemment — manqué, c'était l'abandon de son corps contre le mien, la façon instinctive dont elle répondait à mes caresses dont je m'étais le plus langui.

J'imprimai un rythme plus rapide, mes mains glissant lentement le long de son dos pour atteindre ses fesses. Je les pressai, Anna s'arc-boutant un peu plus contre moi. Ses doigts se plantèrent dans mes épaules, pendant que je la soulevais doucement pour mieux m'enfoncer en elle. Son regard sombre s'ancra au mien et elle s'humecta sensuellement les lèvres. J'accélérai de nouveau le rythme, la maintenant contre moi, tout en m'appliquant à faire durer son plaisir.

— Mark, haleta-t-elle.

Je la repoussai contre le mur, son corps bougeant maintenant parfaitement contre le mien. Elle gémit lourdement, sa poitrine frottant contre mon torse dans un geste indécent. Ma main droite remonta vers son sein, pendant que je la coinçais contre le mur. A la façon dont son visage se crispait et à sa respiration courte, je devinai qu'elle était proche. Sûrement parce que mon souffle était, lui aussi, erratique.

— Anna, bébé, murmurai-je en torturant la pointe de son sein. Ne te retiens pas...

Elle plongea son regard dans le mien et saisit ma main pour la porter à ses lèvres. Mes coups de reins devinrent frénétiques, le corps d'Anna heurta durement et de plus en plus vite le mur derrière elle. Elle émit un cri, mélange de plaisir et d'encouragement. Soudain, son intimité se contracta violemment autour de moi, m'entraînant dans mon propre orgasme.

Anna vint nicher sa tête dans mon cou, les battements fous de son cœur résonnant contre ma cage thoracique.

— Je crois que nous avons un accord, murmurai-je alors qu'elle décrochait ses jambes de ma taille.

— Je crois aussi.

— Et je vais devoir changer l'organisation des pièces, souris-je en attrapant mon caleçon.

— Ça ne sera plus ton bureau ?

— Comment espères-tu que je puisse travailler ici après ce que nous venons de faire ? Dès que je vais relever les yeux sur ce mur, je penserai à toi. Et pas seulement qu'en regardant ce mur, ajoutai-je en posant un baiser sur ses lèvres.

Nous nous rhabillâmes entre deux baisers et deux caresses échangées. Entendre le rire léger d'Anna, capter son regard, la voir revêtir mon maillot de foot rendaient cette journée parfaite. Je pris sa main dans la mienne et nous finîmes la visite de la maison.

Ce n'est qu'en ouvrant la bouteille de vin que j'avais apportée que je décidai d'aborder les détails de notre accord. Je ne voulais pas forcer Anna à être ici. Je ne voulais pas qu'elle fasse un choix sans y avoir clairement réfléchi.

— Anna, est-ce que tu es certaine de vouloir faire ça ? De vouloir vivre ici ?

— Non. Mais je suis certaine de vouloir être avec toi. Et avec Elizabeth.

— Et ton métier ?

— J'ai négocié mon préavis, annonça-t-elle en buvant une gorgée de son vin.

— Tu ne vas plus sauter sur les lits pour t'assurer de la qualité ?

— Non, s'esclaffa-t-elle. A moins que tu préfères que j'erre encore dans les aéroports ?

— Dieu seul sait quel genre de rencontre tu pourrais y faire ! m'écriai-je. Non, je veux juste que tu sois ici, murmurai-je. Ceci étant dit, tu me dois toujours un rendez-vous.

— Je pense que je te dois plus que ça, souffla-t-elle en souriant.

Je passai ma main sur sa joue, et Anna frémit à mon contact. Elle posa sa main contre la mienne, la fit glisser le long de sa gorge, avant de prendre ma main et de la caresser du bout des doigts. Elle eut un léger sourire, furtif, secret et captivant. Elle entremêla ses doigts aux miens et se nicha contre moi. Les yeux clos, elle posa sa joue contre mon torse, sa main libre remontant sur mon T-shirt à hauteur de mon tatouage.

— A la maison, souffla-t-elle.

— A la maison, approuvai-je en la serrant contre moi.

Découvrez sans plus attendre les aventures d'une colocation pas comme les autres !

Colocs (et plus) **– Emily Blaine**

La plupart des hommes se divisent en deux catégories :

*Les **serial lovers** à mémoire de poisson rouge – ceux qui notent le prénom de leur conquête d'un soir sur la paume de la main pour être sûrs de ne pas l'oublier au réveil.*

*Les **idiots** qui ne voient pas plus loin que le bout de leur nez – ceux qui promettent de ne jamais toucher à la sœur de leur meilleur ami.*

Connor n'échappe pas à la règle : il réussit même l'exploit de faire partie des deux catégories à la fois. Connor, c'est le meilleur ami de mon frère. Le mec le plus canon que j'aie jamais rencontré. Et accessoirement l'heureux élu avec qui ~~je me suis honteusement envoyée en l'air~~ j'ai passé un délicieux moment lors d'une soirée très arrosée à la tequila. Une nuit intense, passionnée, mémorable… suivie d'une douche froide quand il a compris qui j'étais et qui j'allais devenir – sa colocataire.
Depuis, j'ai découvert qu'il appartenait en fait à une troisième catégorie : les *serial lovers* idiots qui n'assument pas leurs erreurs nocturnes, mais qui vous font des pancakes en boxer dès qu'ils en ont l'occasion…

Colocs (et rien d'autre) **– Emily Blaine**

Il paraît que « les opposés s'attirent ».
Il paraît que « qui se ressemble s'assemble ».
Il paraît que les Jedi préfèrent les blondes.

Et il paraît aussi qu'on évite les otites en se fourrant un oignon dans l'oreille. Les proverbes, Ashley s'en méfie depuis qu'elle a eu l'occasion de constater qu'un de perdu, c'était un de perdu. Mais, depuis que Ben est entré dans sa vie et s'est installé dans l'appartement qu'elle partageait jusque-là avec sa meilleure amie, elle en viendrait presque à accepter l'idée qu'elle n'est pas condamnée à passer toute son existence en solitaire. Ben est si drôle, Ben est si touchant, Ben est si... Ben est un ami. Et il doit le rester. L'amour, ça finit toujours mal, et il est hors de question de risquer leur amitié pour une relation sans lendemain. Pour elle, c'est clair, ils sont amis. Et colocs. Et rien d'autre. Mais il paraît que Ben ne l'entend pas de cette façon...

Composé et édité par HARLEQUIN

Imprimé en France en juin 2016
par l'Imprimerie Maury S.A.S. à Millau (12)

Dépôt légal : juin 2016
N° d'impression : F16/54420 C

Imprimé en France